YVES CHEVRIER

MAO

ET LA RÉVOLUTION CHINOISE

XXE SIÈCLE

casterman ■ GIUNTI

Introduction

LES RÉVOLUTIONS DE MAO

L'HISTOIRE DE LA CHINE CONTEMPORAINE EST INDISSOCIABLE DE L'ASCENSION D'UN HOMME : MAO. COMMUNISTE INCLASSABLE, DESPOTE ET ÉTERNEL REBELLE, IL EST LE PÈRE D'UNE UTOPIE AUX CONSÉQUENCES TRAGIQUES : LE MAOÏSME.

Décembre 1993 sera le centenaire d'un ci-devant dieu entré au purgatoire il y a tout juste quinze ans — une éternité à ce qu'il semble ! —, mais resté figure d'exception dans un siècle et une histoire pourtant riches en révolutionnaires, dictateurs totalitaires et fondateurs d'empire. Sa position unique, Mao la doit au fait d'avoir été les trois à la fois : l'incarnation acharnée d'une révolution qu'il domine tard, passé quarante ans, mais en faisant d'elle un puissant Etat, et qu'il fouette ensuite, au-delà de toutes limites, jusqu'à son dernier souffle.

En 1912, la chute de la dynastie des Qing (les conquérants mandchous montés sur le trône en 1644) le fait soldat de la République de Sun Yat-sen. En 1921, il est, un peu par hasard, l'un des treize fondateurs du Parti communiste. C'est moins par hasard qu'il se lance dans la guérilla à la fin des années vingt, après l'écrasement du communisme des villes par Chiang Kai-shek, qu'il conduit la Longue Marche (1934-35), la résistance communiste à l'occupation japonaise (1937-45), puis l'ultime guerre civile contre le Guomindang (Kuomintang). La proclamation de la République populaire (1er octobre 1949) risque-t-elle d'endormir la révolution ? En 1955 (collectivisation), 1958-59 (Grand Bond en avant), 1966-69 (Révolution culturelle), le Grand Timonier accélère la transition au socialisme, prend un raccourci vers le communisme, s'évertue à empêcher le "retour de la bourgeoisie". Ces révolutions artificielles finissent par l'opposer à la population ainsi qu'aux vieux compa-

Les Chinois sont revenus des illusions et des terreurs du maoïsme. Mais, dominant l'arche qui s'ouvre sous la tribune de Tian'anmen, la porte impériale de la Cité interdite, veille l'image de celui qui reste, pour le meilleur et pour le pire, une figure importante de leur histoire.
Ph © R. Burri/Magnum

gnons de route, Liu Shaoqi et Deng Xiaoping qui démaoïsera la Chine après 1978.

La vie de Mao, né en même temps que les prodromes du nationalisme et du mouvement révolutionnaire, a donc coïncidé exactement avec celle d'une révolution qui s'est éteinte avec lui. Coïncidence plus parfaite dans son cas que dans celui de Sun Yat-sen (1866-1925), trop ancien pour avoir connu les soviets paysans et la Longue Marche, plus complète aussi que dans celui de Deng Xiaoping, né trop tard (en 1904) pour avoir porté les armes contre le dernier empereur. Elle ne suffirait pas cependant à faire de Mao le symbole de la révolution chinoise s'il n'y avait le "maoïsme".

La régente Cixi (1835-1908), tante de l'avant-dernier empereur Qing. Duplicité, cruauté, séduction, corruption, mais remarquable intelligence du pouvoir : ses louvoiements entre conservateurs et réformistes lui permettent de s'y maintenir jusqu'à la veille de la chute de l'Empire. Comme Deng Xiaoping, qui lui est souvent comparé ?
Ph © M. Durazzo/ANA

C'est la "voie chinoise" pour la révolution et la construction du socialisme qui fait de lui un communiste à part : inclassable dans la tradition de Marx et de Lénine, mais en rapport direct avec les traits spécifiques d'une crise nouée dès la fin du XVIIIe siècle, avant même que l'agression de l'Occident et du Japon (deuxième moitié du XIXe siècle) ne vaille à la Chine de préfigurer cette périphérie du monde développé qu'on a fini par appeler le tiers monde. Guérilla rurale à partir des années trente, nationalisme après l'invasion japonaise de 1937, antiaméricanisme, rupture avec le bloc soviétique à la fin des années cinquante, voilà ce qu'incarne Mao : le communisme identifié à la révolution du tiers monde.

Nationaliste, Staline ne l'a-t-il pas été en construisant le socialisme "dans un seul pays" avant de dresser la sainte Russie contre Hitler ? Certes, mais le nationalisme était exclu de la stratégie bolchevique pour la conquête du pouvoir en 1917, tout autant qu'une quelconque mobilisation des paysans par les communistes : la crise économique et d'autres partis se chargeraient de livrer aux révolutionnaires, le moment venu, une paysannerie politisée. Calcul risqué, même si la paysannerie russe s'est soulevée dans la tourmente de 1917, et surtout tabou dangereux pour le nouveau régime : les bolcheviks ont dû investir après coup la profondeur paysanne de leur pays tout en créant l'Etat socialiste. En Chine, le parti-Etat communiste existe dès avant 1949, dans les zones de guérilla: l'exercice du pouvoir à l'échelle locale précède et conditionne sa conquête à l'échelle nationale.

Par là, les caractéristiques autoritaires du modèle léninostalinien se retrouvent dans le maoïsme: l'avant-garde impose sa tutelle à la société au nom de la "dictature du prolétariat"… et se sclérose en bureaucratie totalitaire. L'entreprise de domination de la société par le parti-Etat a été présente dès les années quarante, dans la mobilisation révolutionnaire. Ce constat semble aujourd'hui aussi anodin que logique: la démaoïsation, le recul pris sur le discours politique de l'après-guerre, l'effondrement des régimes communistes européens ont imposé de Mao et du maoïsme une image distancée. La critique et l'histoire ont enfoncé leur coin sous le mythe, le "Grand Soleil rouge" s'est couché sur notre horizon. Mais ces vérités n'ont pas toujours été bonnes à dire. Mortelles en Chine, elles étaient malséantes en Europe il y a vingt et trente ans, quand les "maolâtres" des années soixante et soixante-dix ne regardaient pas la Chine, mais le "modèle chinois". A gauche (exception faite de la mouvance soviétique), le maoïsme rachetait Staline. A droite, Mao excusait le maoïsme: quand on ne s'aveuglait pas sur le fait qu'il pût y avoir un totalitarisme communiste différent du modèle soviétique, indépendant du Kremlin et hostile à l'URSS, on ne voulait voir que le "sauveur" d'une nation orpheline de l'Empire — "dispersée comme le sable" (Sun Yat-sen).

Pour ses admirateurs "progressistes", le maoïsme portait le fer dans la plaie en se voulant révolutionnaire dans l'exercice du pouvoir comme dans sa conquête. Par une révolution permanente tout d'abord. Comme Trotski? Certes non. Là où le "prophète désarmé" comptait, pour aller directement au socialisme, sur un développement continu des luttes de classes émanant de la société civile prérévolutionnaire, le Timonier raison-

Le docteur (en médecine) Sun Yat-sen, président de la République (1912), fondateur du Guomindang, allié du PC (1923) quoique théoricien anticommuniste des Trois Principes, fut l'apôtre d'une ouverture sur le monde moderne dans la souveraineté et la bonne entente avec les traditions utiles. C'est à tous ces titres qu'il est, de nos jours, aussi encensé à Pékin qu'à Taiwan…
Ph © Coll. Viollet

"Le danger d'une restauration du capitalisme existe en Chine. Si nous oublions la lutte des classes (...), un pays socialiste comme le nôtre deviendra son antithèse, dégénérera et restaurera le capitalisme"

Mao, septembre 1962

nait à partir de l'ensemble "société + parti" né du creuset révolutionnaire et perpétuellement "activé" (mobilisé, quadrillé et endoctriné selon des méthodes appropriées dites "ligne de masse" ou "rectification"). Cette agitation pouvait être soit ciblée contre les ennemis extérieurs (Japon, Etats-Unis, URSS, propriétaires, bourgeoisie), soit destinée à revivifier la révolution en luttant contre une dégénérescence que Mao a toujours jugée inévitable : inertie des masses, déviations des intellectuels, bureaucratisation et embourgeoisement des cadres... Par là, Mao s'est fait une force du handicap imposé à son entreprise par le milieu paysan fermé et infrapolitique dans lequel elle s'est construite. Mais en politisant une société et un parti qui restaient dominés, il n'est pas sorti du cadre totalitaire — par exemple, vers l'anarchisme. A côté de la guérilla paysanne et de la Longue Marche, Mao restera comme le semeur de tempêtes et de terreurs alternées, le maître impitoyable des paysans, le fléau des intellectuels, le boucher des Gardes rouges.

Ce même activisme pouvait transcender les limites objectives au développement (absence de capital, surpopulation, etc.) par la mobilisation du travail et la création d'une humanité neuve, pure de tout égoïsme matériel. L'anti-Staline, le superdémocrate était aussi un super-Prométhée, grâce auquel le communisme retrempé en Chine retrouvait sa vocation première, perdue à Moscou, Budapest, Prague : émanciper totalement l'Homme. Le volontarisme n'a fait qu'alourdir le passif du régime : Prométhée s'est laissé déifier, le pays a été affamé, jeté dans l'anarchie sans que le développement soit au

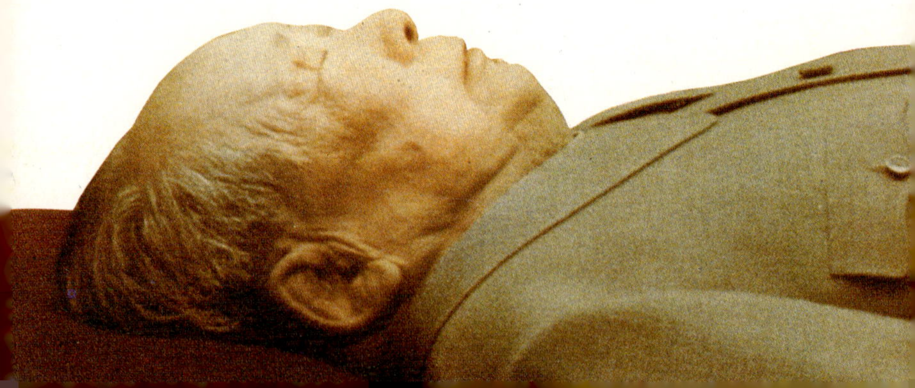

rendez-vous ni la bureaucratie abattue. Quand l'armée a rétabli l'ordre contre les Gardes rouges (1968), Mao a bien retrouvé le tiers monde, mais un tiers monde "réel" sans rapport avec la sublimation messianique dont le créditait l'Occident. Un rendez-vous avec l'utopie qui a tourné au cauchemar, voilà ce qu'est le maoïsme : le despote a percé sous le sourire lisse du prophète, la tyrannie policière sous la mobilisation politique, les privilèges et la corruption de la nomenklatura en vareuse "Mao" sous l'antibureaucratisme militant, la crise économique et les blocages sociaux sous l'égalitarisme frugal de la nouvelle Sparte.

Reste que si la "voie chinoise" a fait la preuve de son inutilité, si Mao au pouvoir s'est trompé d'une manière aussi coûteuse et sanglante que Staline, s'il y a donc par-delà différences et différends une banalité du totalitarisme chinois en regard du totalitarisme soviétique, ce même Mao a conduit une révolution peu banale, qui convenait à la situation particulière de la Chine : entamée par l'Occident depuis les guerres de l'Opium des années 1840-1860, mais pas vraiment modernisée malgré l'essor d'un secteur économique et d'une société moderne dans les grandes villes de la frange côtière. Une Chine duale, en somme, où la révolution des villes et un premier communisme plus conforme au modèle russe ont échoué dans les années vingt. Par opposition à la Chine "jaune" des traditions agraires-bureaucratiques et du repli sur le continent, la montée puis l'échec entre 1890 et 1930 de cette Chine "bleue", ouverte et occidentalisée, sont la clé du XXe siècle chinois. La modernisation et la démocratisation de Taiwan montrent

*"**N**ous ne ferons jamais à Mao ce que Khrouchtchev a fait à Staline" : artisan de la démaoïsation dans les années soixante-dix, Deng Xiaoping est allé, en réalité, bien plus loin que Khrouchtchev. Mais, dans le cas chinois, il n'y a pas de "bon" Lénine pour racheter un "mauvais" Staline. Mao est donc bon à 70 %, mauvais à 30 %. Sa momie doit partager le mausolée de Tian'anmen avec le souvenir des compagnons, notamment Liu Shaoqi et Zhou Enlai, qui rappellent l'époque fondatrice des années quarante.*

Ph © Grabet/Gamma

qu'en fin de compte elle recelait un potentiel de transformation aussi puissant que celui de la révolution maoïste qui en a anéanti les premières manifestations sur le continent. C'est bien pourquoi Deng Xiaoping, même s'il n'a fait que lui entrouvrir la porte, a voulu appuyer sur elle sa politique de modernisation. La révolution n'est donc pas tout le XXe siècle. La remise en perspective va plus loin encore : Mao n'est pas toute la révolution. La petite intelligentsia politisée qui mobilise l'immense peu-

Marx, Engels, Lénine, Staline : l'héritage de Mao. Si, dans sa maturité, il tourne le dos à la modernité, s'il pratique un marxisme fruste, il n'en demeure pas moins tributaire du marxisme comme du léninisme, dont il reste plus de traces dans la "pensée Mao Zedong" que de poils sur le visage glabre du Timonier !
Ph © Archives CDCC

ple paysan dans la révolution maoïste a fait ses classes au contact de la Chine ouverte. Sans détour par la ville, point de maoïsme, point de révolution. Et point de Mao, qui l'a certes aimée moins que d'autres, qui n'a été durant les années vingt qu'un maître d'école de province, regardé de haut par les intellectuels cosmopolites de Pékin et de Shanghai qui dominent la première génération communiste, mais qui lui doit son premier apprentissage de la politique.

Cet apprentissage a surtout été celui des dynamiques sociales. Contrairement à la légende, qui met en avant les soulèvements paysans, le jeune Mao et ses contemporains ancrent les traditions d'activisme et de rébellion que leur lègue la fin du XIXe siècle dans les mouvements de la nouvelle société urbaine. Ils ont pu s'appuyer sur une société dynamique, impatiente des faiblesses du pouvoir dans la crise nationale (l'Empire réformé trop peu et trop tard dans les années 1900, la République colonisée par les Seigneurs de la guerre), impatiente aussi de prendre en main la réhabilitation et la modernisation du pays. Mais, pas plus que la prospérité de la Chine bleue ne sort de ses enclaves, ce souffle de renouveau ne suffit à entraîner le pays profond dans la révolution. La courbe de la modernité s'inverse dans les années trente, provoquant par sa retombée

l'autre fait majeur du siècle, la ruralisation du mouvement communiste rejeté du côté de la Chine jaune en crise : développement rural bloqué par la pauvreté collective et le système foncier, militarisme rampant, invasion japonaise (1937).

Attaquer la crise chinoise par le côté sous-développé du sous-développement : Mao fut l'homme de ce renversement. Marginalisée dans les années vingt, sa carrière avance à mesure que la modernité recule. Même si — nouvel ajustement d'importance — il n'est pas toute la révolution rurale : l'idole renversée l'est aussi dans "sa" révolution. La chute du communisme urbain date de 1927 ; Mao ne maîtrise le parti qu'après la Longue Marche (1935), non sans difficultés : sa prééminence ne devient absolue que dans les années quarante. Il n'a pas inventé la stratégie rurale — des pionniers

Les révolutions qui se succèdent ont façonné Mao à leur image avant qu'il n'imprime la sienne : celle du communisme de Yan'an (1936-45), époque durant laquelle il maîtrise sa double postulation de rebelle et d'empereur en devenant le maître incontesté du parti.
Ph © Wu Yinxian/Magnum

brisent le tabou dès les années vingt quand il ne jure encore que par les "bourgeois et prolétaires" du Manifeste communiste. Il n'est pas davantage le seul inventeur de la guérilla : fallait-il du reste inventer une tradition millénaire ? Mao est un tard venu, tout le contraire du génial inspiré campé par l'ancien maocentrisme officiel : parce que la situation historique qui fera le maoïsme s'est mise en place lentement, dans les années trente, et parce que lui-même a mis du temps à se former dans le contexte de la révolution rurale.

Il lui a surtout fallu maîtriser le passage de la guérilla au gouvernement révolutionnaire, concilier le soulèvement "rebelle" du peuple avec la fondation d'un empire, œuvre des années quarante à Yan'an. La mobilisation activiste des masses et du parti, voilà son apport spécifique, voilà aussi ce qui lui permet, mieux que Chiang Kai-shek (1887-1975) ou que ses rivaux dans le PC, en touchant le fond de la crise, de refonder la Chine quand le parti et le pays sont en danger de mort : voilà ce qui reste du Mao mortel entré au purgatoire de l'Histoire. Etait-il légitime de prolonger une situation particulière en un système destiné à la forcer l'Histoire ? Question vitale pour les millions de victimes que feront les tentatives de passage en force après 1949, comme pour Mao dont elle oriente la vie.

1893-1935 : quatre décennies d'apprentissage, d'échecs entre activisme et politique, avant de trouver la synthèse fondatrice du maoïsme au fond de la Chine paysanne en guerre. 1936-1976, à nouveau quatre décennies, celles du maoïsme au pouvoir, les deux premières conquérantes et consensuelles — au moins dans le parti, maoïsé (1936-45) en préalable à la soumission du pays (1946-54) ; les deux dernières (1955-76) conflictuelles et décevantes : vaines relances du projet socialiste contrecarré par le poids des hommes, la pauvreté, l'embourgeoisement du régime, reconquête tyrannique d'un pouvoir contesté dans un pays qui se dérobe à l'utopie, attendant la relève.

Rébellion dans l'Empire, mutation du rebelle en empereur, de l'empereur en rebelle : derrière les contradictions maoïstes se devine un héritage trop vite synthétisé de traditions elles-mêmes ambivalentes. Sans compter le résultat, problématique lui aussi, de la confrontation inaboutie avec l'Occident, chargée de tensions intellectuelles aussi mal résolues que nourricières. Ce qui fait Mao est un rapport particulier de l'ordre ancien avec une modernité bloquée. Mais quelles traditions invoquer, de quelles époques, et selon quelles adaptations, pour expliquer les dérives maoïstes d'un totalitarisme qui n'appartient, lui, qu'au XXe siècle ? Une Chine entre deux mondes, un provincial entre deux Chine : le double univers de Mao avant Mao est pour beaucoup dans les mélanges de la maturité et de la vieillesse, vertige et ambiguïté du pouvoir. Du moins l'histoire va-t-elle plus loin sur ce terrain que la psychologie : dureté, obstination, sens de la révolte, du défi et de la querelle, cynisme et haine aussi, en même temps que soif insatiable de pouvoir. De quoi faire un conducteur d'hommes assez banal, ou un tyran hors du commun quand l'Histoire — le choc du grand Empire avec l'Occident de la révolution industrielle — et quelques traditions manipulées auront mis Mao en situation de se faire dieu.

Après le Grand Bond — 15, 30 millions d'affamés ? —, la Révolution culturelle (1966-68) fait 100 millions de victimes directes et indirectes, selon un bilan officiel d'autant plus symbolique que les violences de cette grande terreur décentralisée, voulue par le Grand Timonier, ne pourront jamais être comptées.
Ph © Roger Pic

Chapitre 1

UNE CHINE ENTRE DEUX MONDES

APRÈS UN SIÈCLE D'ESSOR ET DE PAIX, LA CHINE ENTRE EN CRISE AU XIXe SIÈCLE ET DOIT S'OUVRIR À L'OCCIDENT. MAIS LE VIEIL EMPIRE S'ADAPTE DIFFICILEMENT AU MONDE MODERNE ET S'ÉCROULE EN 1912.

Le rapport tradition-modernité qui façonne l'univers de Mao s'instaure aux XVIII-XIXe siècles. L'immobilité de l'histoire chinoise, "répétition d'une même ruine majestueuse" (Hegel) ou prisonnière des "mâchoires du temps" (Marx), est une illusion. Sous l'apparence immuable du ritualisme confucéen, les deux derniers siècles de l'Empire sont une période d'évolution exceptionnelle, quoique les changements aient été porteurs de crise. Avant l'arrivée des Occidentaux au milieu du XIXe siècle, la Chine manque le coche de la révolution industrielle et s'enfonce dans ce qu'on appelle une phase descendante de cycle dynastique : difficultés économiques, désorganisation administrative, rébellions populaires, incertitudes intellectuelles. Mais, tout en affaiblissant l'Empire, ce cycle est riche de transformations dont les influences finiront par se mêler inextricablement à celles de l'Occident.

Une rue à Pékin au début du siècle. "Ouverte" cinquante ans plus tôt, la Chine évolue... tout en restant elle-même. Le contact avec l'Occident est plus difficile qu'au Japon, ouvert lui aussi sans ménagement, mais résolu d'emblée à s'adapter radicalement. En Chine, ce radicalisme sera le fait des intellectuels et des révolutionnaires bien plus que des gouvernants, parmi lesquels les partisans du rejet l'emportent jusqu'à la fin du XIXe siècle. La société, quant à elle, du moins dans les grandes villes, se tient avec souplesse à distance de ces deux attitudes.
Ph © Coll. Albert Kahn

Un empire en mouvement

Au XVIIIe siècle, la Chine fait jeu égal avec l'Europe qui l'admire et lui achète ses produits de haute qualité : soieries, étoffes de Nankin, porcelaines, thé. Largement excédentaire, ce commerce centré à Canton enrichit le pays et témoigne de ses progrès : 150 millions de Chinois dès la fin du XVIIe siècle (quand Louis XIV, avec 20 millions de sujets, fait figure de géant en Europe), le double (300 millions) un siècle plus tard. Prospère et pacifié à l'intérieur, dominateur dans ses relations avec l'extérieur, conscient de son extraordinaire abondance démographique, riche d'une vie sociale et intellectuelle changeante, l'Empire est en situation de repousser avec hauteur les offres d'échanges que lui font les ambassades britanniques. Il est un Empire-monde absorbé par sa diversité. Le repli sur soi, la suffisance sont d'abord autosuffisance, même si les équilibres sont fragiles.

Cette fragilité n'apparaît guère au XVIIIe siècle sous la croissance économique et les transformations de la société. Encore très présent sous les Ming (1368-1644), le système manorial — grands domaines exploités directement par le servage — n'est plus qu'un souvenir. Fermiers ou petits propriétaires indépendants, les paysans peuvent concourir aux examens qui donnent accès aux privilèges des lettrés et ouvrent la carrière mandarinale. Liberté théorique, eu égard à la longueur et au coût des études ? Possibilité réelle dans bien des cas, grâce aux solidarités vigoureuses qui cimentent la vie

communautaire (à commencer par le clan). Sans aller jusqu'à changer de condition, nombre de paysans arrondissent leurs revenus grâce à l'artisanat et au commerce qui irriguent les grandes régions économiques.

La croissance prémoderne diversifie également les structures urbaines. Les guildes prennent peu à peu en charge la gestion des affaires locales, comme le font les notables ruraux dans les villages. Le poids relatif de la société urbaine face à la bureaucratie s'accroît d'autant plus que de nombreux notables ruraux s'installent dans les villes, où se nouent entre élite lettrée et marchands des relations d'affaires et des alliances matrimoniales. La fusion des élites urbaines est renforcée par l'intégration des marchands aux statuts officiels (par l'achat de terres, les stratégies matrimoniales et l'obtention de diplômes). Dans les régions les plus développées se forme une couche de grands notables urbains

Deux mondes qui se côtoient sans se pénétrer vraiment : la Chine officielle face à l'Occident, dont elle n'adopte les méthodes de gouvernement qu'au début du XXe siècle — époque de cette vue du mur de Pékin, rasé lors du Grand Bond en avant (1958).
Ph © M. Durazzo/ANA

A Canton, le monde des marchands s'est "ouvert" sans complexes, bien avant l'arrivée des steamers. A côté de la Chine officielle, une autre Chine s'affirme, disponible aux échanges.
Ph © Keystone

tandis que dans les campagnes s'affirme une *gentry* moins prestigieuse, à laquelle finissent par s'agréger des intermédiaires et gestionnaires de toutes sortes : régisseurs, comptables, intendants, précepteurs, maîtres d'écoles, mais aussi employés de l'administration n'ayant ni les diplômes ni le statut des fonctionnaires. L'ordre social prémoderne n'a plus grand-chose à voir avec la rigide hiérarchie des statuts officiels (lettrés-fonctionnaires, paysans, artisans, marchands), ni avec le binôme fonctionnel des priorités confucéennes : d'un côté, une classe de propriétaires fonciers (la *gentry*) accédant au statut lettré et au pouvoir bureaucratique par le biais des examens, de l'autre, le peuple, masse indifférenciée de sujets non privilégiés (et illettrés, alors que l'essor de l'économie commerciale diffuse aussi vers le bas une pratique rudimentaire de la lecture et de l'écriture). En cogérant l'Empire avec les notables, les Qing savent

éviter l'augmentation jugée néfaste du nombre des fonctionnaires (vingt mille seulement à la fin du XIXe siècle) et de la pression fiscale (modeste et stable au XVIIIe siècle). Cette politique d'un Etat "à l'économie" a pourtant son revers. Faute de budgets suffisants, les fonctionnaires locaux alourdissent les surtaxes. Les nombreux auxiliaires hors statut, qu'ils doivent rémunérer personnellement, sont une cause de mauvaise administration et de corruption rampante.

Mais les dérives restent exceptionnelles tout au long du XVIIIe siècle. De même, les notables s'abstiennent des activités politiques que leur interdit la dynastie. Leurs initiatives fondées sur la gestion locale et sur la philanthropie qu'encourage le moralisme officiel sont tout l'opposé de la politisation d'une société civile organisée à l'échelle nationale, indépendamment de l'Etat et contre lui. Les marchands, quant à eux, ne songent qu'à s'élever en s'intégrant aux couches dominantes, à leur mode de vie et à leur culture. La clé de voûte de ce système fluide reste l'idéologie confucéenne. Le pouvoir la contrôle sans partage grâce au monopole qu'il conserve sur le système des examens et l'attribution des statuts mandarinaux.

Loin d'être la "verrue" impérialiste dénoncée par les maoïstes, la Chine ouverte couronne les évolutions antérieures, qui font de la frange côtière, surtout dans la région du Yangzi, le berceau de la future Chine "bleue", par opposition à la Chine "jaune" des traditions agraires et du repli sur le continent.

CROISSANCE PRÉMODERNE ET OUVERTURE

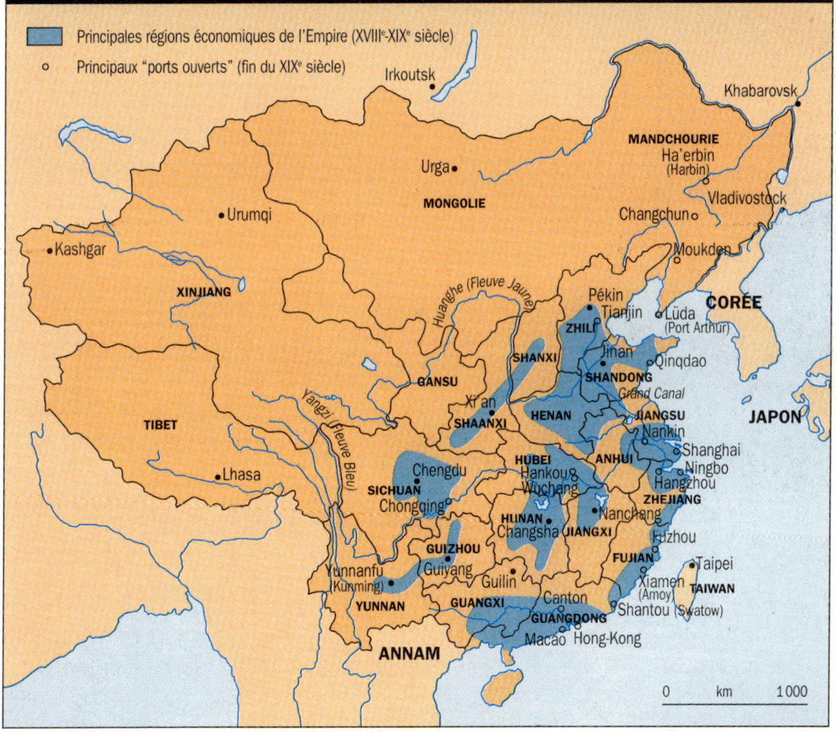

Au XIXe siècle, ces équilibres se dégradent. La croissance démographique, longtemps cause et conséquence de la croissance économique, dépasse le plafond qu'autorise la mise en valeur du sol et du travail humain : 300 millions d'hommes vers 1800, plus de 400 (410 ou peut-être 430) vers 1850. A partir de 1820, la crise commerciale et monétaire provoquée par l'importation illégale de l'opium déséquilibre le pays, surtout au sud. Migrations en direction des périphéries montagneuses moins peuplées, déforestation, disettes, famines, "mortalités" répétées et de plus en plus graves, assorties de leur cortège de troubles, d'errance : autant de signes de crise relevés avec angoisse par les lettrés. Certains devinent, comme leur contemporain Malthus, une catastrophe. Mais alors que l'Occident échappe à la fatalité grâce à la révolution industrielle, la Chine la subit de plein fouet.

La détérioration du rapport population-subsistances va de pair avec le dérèglement des mécanismes de gouvernement. La machine administrative devient l'enjeu des parentèles et des clientèles qui accaparent les postes et détournent les fonds. Les greniers publics sont mal approvisionnés, les infrastructures hydrauliques sont

LE GRAND MASSACRE DES MAL NOURRIS

L'historien Emmanuel Le Roy Ladurie désigne ainsi, à propos du Languedoc médiéval, l'effet des "freins" malthusiens que constituent les famines, les épidémies, les désordres politiques et militaires sur une population fragilisée par le déséquilibre entre la croissance démographique et celle des subsistances. La population chinoise — plus de 400 millions d'hommes en 1850 — serait ainsi retombée aux environs de 350 millions vingt ans plus tard. Même si la reprise a été rapide après l'étiage des années 1870, les Chinois se sont d'autant plus convaincus d'une déperdition dommageable qu'ils assistaient à l'irrésistible assaut des Blancs : l'Occident va s'effrayer du péril jaune, mais en Chine, révolutionnaires et gouvernants, de Sun Yat-sen à Mao, craignent l'extinction de leur race. Face au "péril blanc", le recensement de 1953 constituera une surprise en révélant un niveau de population (583 millions) largement supérieur aux estimations. Ce traumatisme des mentalités collectives a beaucoup fait pour radicaliser le nationalisme chinois ; il explique aussi l'une des grandes erreurs de Mao homme d'Etat, qui a différé d'une génération la mise en œuvre du contrôle des naissances : le temps pour la multitude héritée de l'époque prémoderne de se transformer en obstacle à la modernisation du pays. ■

Gravure d'après un dessin chinois (vers 1870). Bibliothèque des Arts décoratifs, Paris.

Ph © J.-L. Charmet

négligées... Ces manifestations classiques du déclin des dynasties, sensibles dès la fin du règne de Qianlong (1736-1796/99), entravent les tentatives de réforme de ses successeurs. Certains notables et fonctionnaires locaux s'efforcent de pallier la défaillance de l'Etat en réactivant les structures communautaires, mais les efforts et les ressources de la *gentry* sont bientôt mobilisés pour faire face à un nouveau danger, issu de la crise : l'insécurité et la rébellion.

Rébellion et militarisation

La crise de l'Etat et des relations sociales crée un vide dans lequel s'engouffrent des solidarités de substitution et des contre-pouvoirs : les sectes et sociétés secrètes, présentes de longue date, connaissent une fulgurante expansion au XIXe siècle, en ajustant leur discours aux situations de détresse et de conflit liées à la crise. Dans les régions de migration récente, ces conflits opposent les colons chinois aux autochtones. De part et d'autre, les communautés organisent leur autodéfense en mettant sur pied des milices. Cette mobilisation est souvent l'œuvre de sectes religieuses, qui prennent le relais des notables et des administrateurs défaillants en s'appuyant sur deux éléments importants de la culture populaire : la pratique des arts martiaux et les croyances religieuses. Certaines sectes mettent ainsi en place un cadre organisationnel et idéologique qui permet de passer de l'agitation endémique à la rébellion à grande échelle. C'est le cas du Lotus blanc dans la vallée du Yangzi (1796-1805), ou des Taiping (1851-1864).

La spirale rébellion-répression entraîne une militarisation chaotique de la société chinoise. Car les notables se substituent aux structures militaires et administratives débordées en mobilisant à leur tour les campagnes. Au Hunan, Zeng Guofan (1811-1872) met sur pied l'armée qui chasse les Taiping quarante ans avant la naissance de Mao et grâce à laquelle il finira par les écraser à Nankin en 1864. Le phénomène de la militarisation va perdurer jusqu'à la prise du pouvoir par les communistes. La victoire sur les rebelles n'y met pas fin : institutions et pratiques demeurent en place, avant de connaître un nouvel essor après la chute de l'Empi-

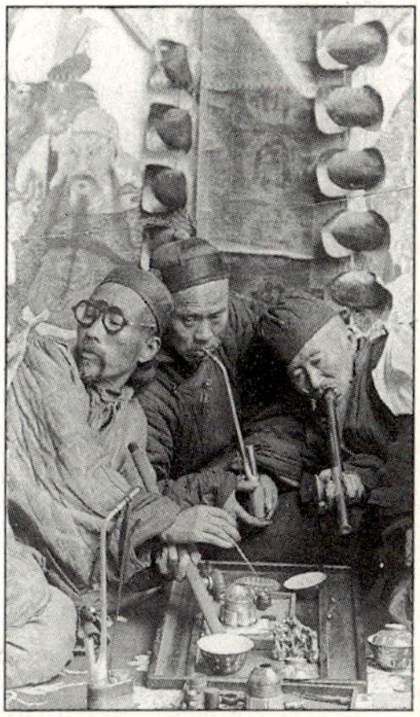

Importé en contrebande, l'opium déstabilise le commerce extérieur, la monnaie (argent apprécié, cuivre déprécié), le système fiscal (l'impôt dû en argent augmente de facto), l'économie urbaine (en récession à partir des années 1820) et, de proche en proche, la vie sociale.
Ph © Keystone

re, sous le règne des Seigneurs de la guerre. La réunification du pays par Chiang Kai-shek en 1927-28 n'y changera rien. Le recours aux techniques de mobilisation locale, la création de poches de pouvoir dans l'insécurité générale, voilà la clé de l'enracinement rural de Mao, la donnée de longue durée qui met le pouvoir "au bout du fusil". Mao l'analysera dès 1928, lorsqu'il expliquera comment le "pouvoir rouge" peut exister dans les campagnes à la faveur des interstices d'un Etat faible. Ses lectures favorites d'enfant, tels les romans *Au bord de l'eau* ou *Les trois royaumes*, l'auront mis sur la voie en présentant la figure du bandit et du rebelle redresseurs de torts, guerroyant contre les agents corrompus du pouvoir afin de restaurer un ordre vertueux et fraternel. Mais il n'a pas été moins influencé par l'évolution "activiste" que la crise imprime à la pensée des lettrés et dont beaucoup d'éléments sont passés dans la culture politique des révolutionnaires du XXe siècle.

Amorcée dans le delta cantonais avant l'Ouverture, la christianisation suscite des conversions — l'empereur Taiping Hong Xiuquan, Sun Yat-sen —, mais aussi des haines farouches. Les incidents antimissionnaires sont l'une des causes de la deuxième guerre de l'Opium (1857-60, époque de ce cliché) et de multiples interventions occidentales avant l'insurrection des Boxeurs en 1900.
Ph © Roger-Viollet

Deux sources du maoïsme

Les traditions de la rébellion définissent une action en rupture par rapport aux centres du pouvoir — la ville — et à ses institutions — les mandarins, les officiers "corrompus". La fraternité jurée et l'entraide, l'amour du combat singulier derrière lequel se profile le culte héroïque de la force et de la violence, la volonté d'abolir les fausses distinctions d'un ordre corrompu posent un monde de valeurs opposé à celui des lettrés. Pourtant, la rébellion ne va pas sans ambiguïté. S'ils agissent au nom du peuple, les rebelles n'en constituent pas moins un pouvoir dépassant de haut la piétaille qu'ils mobilisent : les romans les montrent soucieux jusqu'à la manie de préséances et de hiérarchies. Affaire locale, la rébellion ne saurait non plus se suffire à elle-même : elle regarde l'Empire. Mais comment intégrer cette perspective ? Le ralliement des rebelles au "bon" empereur — abusé par de "mauvais" ministres — est classique. *Au bord de l'eau* s'achève sur l'amnistie et la soumission

LA "LONGUE MARCHE" DES TAIPING

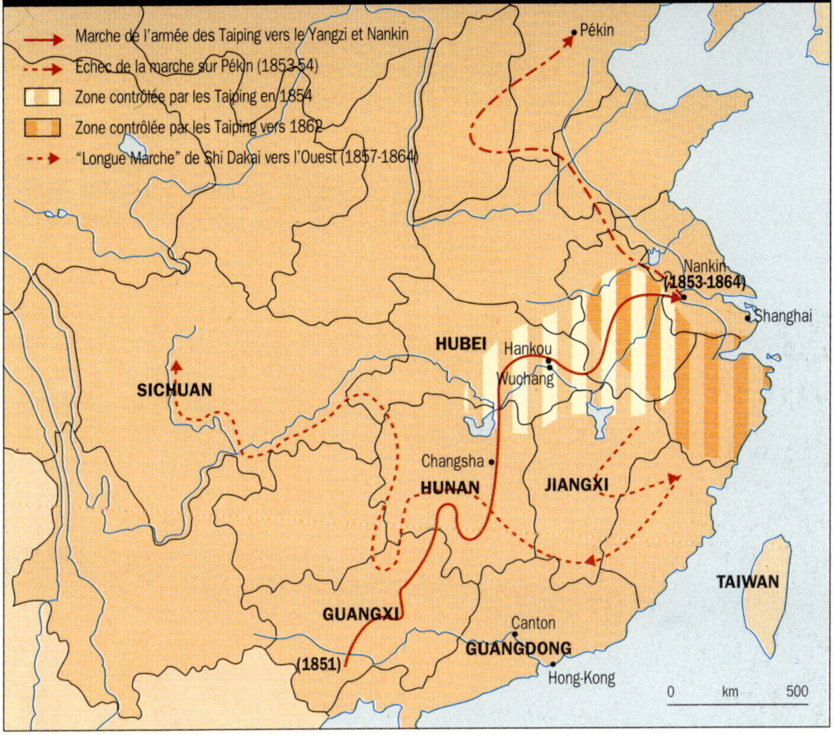

de Song Jiang, mais aussi sur le refus de Li Kui : l'empereur le voit en songe brandir des haches contre lui. De son côté, l'ordre officiel n'est pas moins ambivalent : si la déchéance du pouvoir passe des ministres à l'empereur, la rébellion est justifiée. Mais l'Empire purifié et refondé exclut la rébellion, à charge pour les ministres de gouverner dans la vertu... sans quoi la rébellion, d'abord localisée, redeviendrait légitime dans un nouvel accomplissement du cycle.

Un thème commun circule à travers ces conceptions : le caractère corrupteur et la déchéance du pouvoir, contre lesquels il faut agir sans cesse, par le service "vertueux" du gouvernement ou par la rébellion. Au XIXe siècle, les lettrés n'ont pas jugé que le mal justifiât cette extrémité. Mais tout en appuyant la dynastie contre les rebelles, ils ont avancé dans une troisième voie, fondée sur des initiatives locales associant l'éducation, l'amélioration de l'administration et l'encouragement aux ac-

Les Taiping savent mobiliser les paysans de la Chine centrale au nom d'un christianisme égalitaire et anticonfucéen. Mais ils s'enlisent dans la guerre et les querelles de factions. L'échappée vers l'ouest de Shi Dakai, préfiguration de la Longue Marche de Mao, n'en aura pas le succès.

tivités économiques à une mobilisation du peuple sous leur tutelle. Ainsi s'est affirmée, en réaction à l'inefficacité de la bureaucratie et du gouvernement — non certes contre les institutions, mais parallèlement —, une *politique activiste*, conforme au rôle accru des notables.

Les penseurs du XIXe siècle insistent sur la dimension pratique, physique même, de la volonté et de l'action, sur la mobilisation des énergies individuelles et communautaires afin d'assurer la "vie (matérielle et morale) du peuple" (*minsheng*) et sa "rénovation" (*xinmin*), en vue de préserver un empire menacé de mort. A travers l'exemple de Zeng Guofan, l'homme d'action, voire le chef de guerre, font référence au même titre que l'homme de lettres et le fonctionnaire. L'activisme confère à la politique institutionnelle une "énergie" morale et mobilisatrice qui en rachète les lourdeurs. Permettant d'être à la fois dans les institutions et audehors, détenteur du pouvoir et critique du pouvoir, il constitue un idéal de gouvernement d'un point de vue non gouvernemental qui séduira les révolutionnaires du XXe siècle. La quête de nouvelles institutions à travers les idéologies occidentales dont ils habilleront leur discours ne pèsera guère en regard de cet héritage. Mao y trouvera une exigence fondatrice à l'égard du pouvoir bien propre à satisfaire sa postulation rebelle, en même temps qu'une légitimité pour l'exercice du pouvoir, qui comblera son amour de l'autorité. Il agira sur la société et la fera agir — en attaquant le pouvoir des autres.

Constater la force de ces traditions ne signifie pas que Mao ait été l'instrument d'un conventionnel cycle dynastique : l'ouverture du grand Empire aux puissances étrangères, en dépit des retards d'une modernisation limitée, crée un contexte neuf.

S'adapter pour survivre

Efforts de l'administration chinoise pour remédier au scandale de l'opium, expédition anglaise en 1839-1842 : la première guerre de l'Opium inaugure les "traités inégaux". La Cour cède Hong-Kong, ouvre des ports à des conditions favorables aux étrangers (les droits de douane chinois sont limités). Grande-Bretagne, France et Russie détachent un à un les vassaux de l'Empire (Annam en 1885, par exemple). Le Japon prend le relais en 1895.

LE HÉROS REBELLE

Ouvrage prédestiné — l'un des protagonistes prend la fuite, comme Mao en 1936, en direction de Yan'an —, Au bord de l'eau, *dont le prototype littéraire date du début du XIVe siècle, relate une rébellion de la fin des Song (XIIe siècle). Shi Jin, défenseur intègre de l'ordre, se met en devoir de lutter contre le banditisme avant d'être lui-même poussé à la rébellion par les turpitudes de mauvais fonctionnaires.*

"Il fit brûler d'abord une centaine de sapèques de papier comme porte-bonheur, puis dit à ses gens d'aller inviter tous les habitants du village. Les membres des trois ou quatre cents familles vinrent s'asseoir par rangs d'âge dans la grande salle couverte de chaume ; après avoir fait servir à boire et porté le premier toast, Shi Jin, le Dragon-bleu, s'adressa à la foule en ces termes : « J'ai entendu dire qu'il y avait dans le Petit-Mont-Fleuri trois brigands. [...] Au cas où ces bandits viendraient, il faut que chaque famille soit prête. Dès qu'on commencera à battre le claquoir d'alarme au manoir, chacun d'entre vous devra venir à la rescousse avec un bâton ou un épieu. » [...] Tous approuvèrent : « Nous autres, paysans de ce village, comptons sur vous, messire, pour être notre protecteur et notre chef ! » [...] Shi Jin rentra au manoir et fit battre les claquoirs. Aussitôt, tous les paysans du village, tant devant que derrière le domaine, tant à l'est qu'à l'ouest, coururent au signal prendre leurs épieux et leurs bâtons. Ils se réunirent, trois ou quatre cents hommes au total, et vinrent tous ensemble au manoir.

Alors ils virent Shi Jin : coiffé d'un turban plat, sanglé dans une cuirasse vermillon, vêtu d'un pourpoint de brocart bleu, chaussé de bottes vert foncé, les reins serrés par une ceinture de cuir à gibecière, des animes de fer lui protégeant la poitrine et le dos ; armé d'un arc et d'un carquois ; à la main, une guisarme à trois pointes, deux lames, quatre trous et huit anneaux. Un serviteur amena par la bride son alezan couleur de braise. Shi Jin se mit en selle, brandit son arme, et trente ou quarante solides gaillards se rangèrent en bon ordre devant lui, tandis que quatre-vingts ou quatre-vingt-dix croquants formaient les rangs derrière lui, suivis de toute la foule des paysans du village des Shi. Tous poussèrent des clameurs et se dirigèrent d'une traite jusqu'au débouché de la route au nord du village.

Cependant, Chen Da, le brigand du Petit-Mont-Fleuri, à la tête de ses troupes, dévalait les pentes de sa montagne ; arrivé dans la vallée, il fit déployer ses calabrins. Et Shi Jin aperçut Chen Da, le Tigre-sauteur-des-ravins : le chef orné d'une coiffe nacarat à sommet concave ; bardé d'un corselet de fer poli à nielle d'or ; vêtu d'un pourpoint ouaté rouge ; chaussé de bottes à bouts relevés ; la taille serrée par une cordelière à bourseron longue de sept pieds ; il montait un destrier à robe de neige et haute tête, et tenait à la main, obliquement, un plançon d'acier poli long de dix-huit pieds. Les drilles qui l'accompagnaient saisirent l'occasion de pousser des clameurs. Et les deux chefs, à cheval, se trouvèrent face à face." ■

Extrait de *Au bord de l'eau*, traduction de Jacques Dars, La Pléiade, pp. 50-53, Gallimard.

S*cène du roman* Les trois royaumes. *Ph © Coll. Viollet*

Une deuxième guerre de l'Opium, associant Britanniques et Français, est entreprise entre 1857 et 1860 afin d'ouvrir de nouveaux ports vers le Nord. Près de Pékin, dont les fortifications sont investies par les troupes alliées, le Palais d'été est mis à sac.
Ph © LL. Viollet

Le traité de Shimonoseki arrache Taiwan, de nouveaux territoires et de nouveaux privilèges. Les Puissances suivent en 1898, année d'une "course aux concessions" qui met l'Empire au bord du démembrement. Les rivalités interimpérialistes et les résistances chinoises empêchent cependant le "break up of China" d'aller jusqu'à son terme, bien que la rébellion antiétrangère des Boxeurs soit écrasée en 1900. Par la suite, les impérialismes blancs se contenteront d'exploiter les droits considérables garantis par les traités (en vigueur jusqu'en 1943), tandis que le Japon s'efforcera d'en arracher de nouveaux, aux dépens de la Russie (vaincue en 1905) puis des successeurs de l'Empire, avant de passer à l'invasion généralisée en juillet 1937. Cette seconde guerre sino-japonaise sera un atout formidable pour Mao. La première donne le coup d'envoi au nationalisme, au réformisme et au mouvement révolutionnaire en ruinant la tentative d'adaptation menée par ceux qui ont restauré l'Empire contre les rebelles.

Faute d'un bouleversement politique comparable à celui qui ouvre au Japon l'ère des réformes de Meiji (1868), la Chine officielle diffère jusqu'en 1901 la transformation institutionnelle qu'impose son intégration forcée au monde. Dans un premier temps (1860-1895), les hommes de la restauration — quelques hauts fonctionnaires à Pékin et dans les provinces — se livrent en ordre dispersé à des tentatives de mise à niveau dans des domaines limités : défense, diplomatie, transports, industrie. L'Occident les impressionne par ses techniques militaires, commerciales : voilà ce qu'ils veulent lui emprunter, dans le seul domaine des applications pratiques, dont ils soulignent l'importance. Mais les principes fondamentaux de la civilisation, les arts, les institutions doivent rester chinois et être restaurés comme tels. L'Occident, du reste, est barbare ; sa culture industrielle ne lui vaut pas une civilisation supérieure. Douée de cette supériorité-là, la seule qui compte, la Chine aura tôt fait de compenser son retard momentané. La régénération morale à laquelle s'attachent les hommes de la restauration lui permettra de progresser à pas de géants et de retrouver sa prépondérance.

Deux constantes : l'occidentalisation comme outil au service des valeurs nationales et le syndrome du Grand Bond apparaissent ainsi dès la première réaction à l'Ouverture. Elles continueront de sous-tendre les suivantes, dont le rythme se précipite à la fin du siècle : Mao voit le jour quand l'histoire s'accélère.

Shimonoseki sonne le glas de la restauration conservatrice assortie d'emprunts sélectifs (les "activités à l'occidentale"). Les traditionalistes critiquent le coût et l'inefficacité d'un programme qui n'a pas empêché la défaite. Les réformistes souhaitent une refonte touchant à l'essentiel, comme au Japon, au nom d'une redéfinition de "l'essence" chinoise faisant place au progrès… et au nationalisme. La Chine des années 1890 bascule en deux camps hostiles.

L'affirmation des valeurs traditionnelles mobilise les sectes, une bonne partie des notables et de l'administration, ainsi que la faction ultraconservatrice qui s'empare du pouvoir au lendemain de Shimonoseki avec l'accord de Cixi. La crainte et le rejet de l'étranger entraî-

Dans certains ports ouverts, les étrangers, forts du privilège d'exterritorialité juridique qui les soustrait aux lois chinoises, créent des concessions, qu'ils administrent et équipent à l'occidentale.
Ces quartiers (ici à Pékin), bientôt renforcés d'industries, seront un exemple pour les modernisateurs chinois.
Ph © Boyer-Viollet

nent une alliance inattendue mais logique des sectes avec leur ennemi de toujours : le pouvoir. Les Boxeurs et la Cour s'allient en 1900 pour déclarer la guerre aux Puissances. La défaite contraint Cixi à se rallier au programme de modernisation dans lequel se reconnaît l'autre composante de la Chine : celle du réformisme.

A l'inverse des traditionalistes, les réformistes s'appuient au départ — dans les années 1870-80 — sur des forces limitées : quelques hauts fonctionnaires acquis aux bienfaits du gouvernement représentatif grâce à leurs missions diplomatiques en Occident et, surtout, la communauté chinoise des ports ouverts, où s'affirment les premiers "professionnels" formés à l'occidentale, tel Sun Yat-sen, docteur en médecine de Hong-Kong. A partir des années 1890, la pénétration des influences de la côte dans les villes de l'intérieur — comme Changsha, la capitale du Hunan non loin de laquelle Mao vit ses premières années — diffuse un idéal de réformes qui politise l'activisme des notables. L'échec réformiste des Cent Jours en 1898 (voir encadré p. 34) et l'offensive traditionaliste de 1900 n'entravent pas cette progression, dont le couronnement est la participation des notables aux réformes acceptées par Cixi à partir de 1901. Ces réformes — en particulier la refonte de l'enseignement, la suppression des concours et des statuts de la société mandarinale (1905) — contribuent à la consolidation d'un nouveau type de société, plus diversifié, plus professionnalisé. En formant à l'occidentale étudiants et officiers, elles étoffent deux groupes — l'intelligentsia et les militaires — qui vont disputer à la bourgeoisie et aux ouvriers la palme du nationalisme et du dynamisme politique. La première génération formée dans les écoles réformées — la génération des enfants du siè-

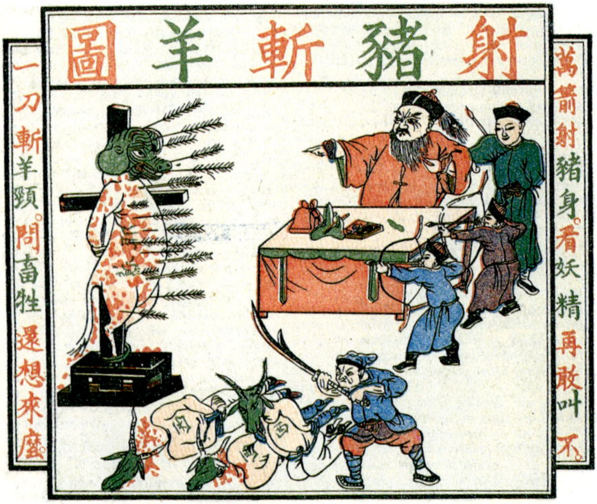

***L**e courant antiétranger est aussi antimoderniste : outre les missionnaires, ses cibles sont le télégraphe (première ligne, de Shanghai à Tianjin, en 1879), le chemin de fer (le premier tronçon étranger, construit illégalement aux portes de Shanghai, doit être abandonné en 1878), la machine, l'usine, voire le bureau de poste et le commissariat de police après 1900... Imagerie boxeur de 1891 représentant le supplice du porc chrétien et de la chèvre étrangère.*
Ph © J.-L. Charmet

cle — sera celle de la révolution communiste. Dans l'intervalle, celle qui met fin à l'Empire aura échoué.

Le court printemps de la République (1912)

Dans les années 1900 se met en place un espace politique inédit, centré sur les nouvelles associations professionnelles ou administratives des notables (chambres de commerce, conseil municipal de Shanghai), comme sur les groupements d'officiers, d'étudiants, de révolutionnaires. Le nationalisme en est le ciment : nationalisme antiétranger, mais surtout antimandchou dirigé contre les Qing par Sun Yat-sen et les partisans de la république. Pourtant, l'opposition la plus décisive émane du monde modéré des notables. Les révolutionnaires attisent les flammes, mais leur désunion — ainsi qu'une répression féroce — les empêchera de jouer un rôle de premier plan dans la révolution, dont la cause immédiate est le divorce survenu entre les successeurs de Cixi (morte en 1908) et les notables. Les premiers s'efforcent de restaurer l'autorité centrale en modernisant l'administration ou en rationalisant (par une nationalisation) les projets d'équipement ferroviaire qui ont poussé dans les provinces comme autant d'actions patriotiques. Les seconds cherchent à sortir du cadre des autonomies provinciales pour instaurer un partage formel du pouvoir à Pékin. La volonté de réformes finit par mobili-

Venus du Shandong, les Boxeurs investissent Pékin et assiègent le quartier des légations avec l'approbation de la Cour. Ils sont écrasés à l'été 1900 par une expédition internationale qui impose un nouveau "traité inégal" et une énorme indemnité. La répression est d'une extrême dureté, à l'image des violences exercées contre les missionnaires et, surtout, contre les convertis chinois.
Ph © Edimédia

LES RÉFORMISTES ET LES CENT JOURS

Les adaptations proposées par les penseurs réformistes de la fin du XIXe siècle vont dans le sens de la modernisation économique et du gouvernement représentatif. Kang Youwei (1858-1927) préconise une assemblée de lettrés et la refonte du système des examens en même temps qu'un vaste programme d'équipements (transports, ports, etc.). Liang Qichao (1873-1927) jette les bases du nationalisme moderne en rattachant la loyauté de l'élite à la nation plutôt qu'à la dynastie, et en situant le danger d'anéantissement de la Chine dans la menace que l'Occident fait peser non sur son "essence" (institutions, culture), mais sur son indépendance. Influencé par le darwinisme, Liang reconnaît ainsi l'impératif du progrès qui exige l'abandon de certaines traditions ; en particulier, la transformation du système éducatif, l'émancipation des femmes et la suppression du bandage des pieds. La volonté de sauver le pays en le réformant préfigure les "révolutions culturelles" qui vont ponctuer le mouvement révolutionnaire au XXe siècle. Pourtant, le réformisme des années 1890 est encore loin du point de vue iconoclaste des futurs révolutionnaires — le très radical Tan Sitong (1865-1898) est seul à exiger une occidentalisation "totale". Le mouvement reflète plutôt l'évolution graduelle du monde des notables, dont il épouse les habitudes associatives et les méthodes activistes. Le discours libéral n'est souvent que la couverture de l'ancienne revendication des autonomies locales ; la démocratie se conçoit comme une éducation du peuple sous la tutelle des élites. Quant au pouvoir, la modernisation exige qu'il se renforce : le modèle du despote éclairé popularisé par Kang et Liang ne laisse pas indifférent, y compris le jeune Mao, qui ne va pas tarder à enrichir sa galerie d'anciens héros chinois des noms de Pierre le Grand et de Napoléon. C'est dire que la politisation de l'activisme lettré ne dégage pas un espace politique indépendant des structures du pouvoir. Kang, Liang et Tan n'exercent leurs activités à Pékin, Shanghai ou au Hunan qu'à la faveur de hautes protections bureaucratiques ou impériales. C'est ainsi que le jeune empereur Guangxu, au nom duquel Cixi exerce la régence, fait appel à eux en juin 1898. Dans la tourmente de la course aux concessions, "Cent Jours" de réformes (juin-septembre) s'ensuivent avant la contre-attaque de Cixi et des ultras qui contraint Kang et Liang à s'enfuir au Japon. Tan Sitong se laisse, lui, capturer et est exécuté avec d'autres chefs du mouvement. Le sacrifice héroïque dont il a voulu donner l'exemple sera la référence des révolutionnaires antimandchous durant la décennie suivante. ■

Ph © Harlingue-Viollet

ser les notables contre un pouvoir privé de légitimité, qui paraît ne plus vouloir réformer qu'afin de se maintenir. A partir de 1908, le conflit polarise des mécontentements contradictoires. Dans les provinces du Centre et du Sud, l'agitation rassemble les partisans de la monarchie constitutionnelle (souvent des notables urbains), les révolutionnaires républicains (souvent des étudiants, des militaires, plus ou moins affiliés à la Ligue Jurée de Sun Yat-sen), et tout ce que les provinces comptent d'éléments hostiles aux Mandchous : notables inquiets des changements, sectes, sociétés secrètes. Coalition formidable mais fragile et hétéroclite : elle avait en son pouvoir d'abattre l'ennemi commun, pas celui de fonder un nouveau système politique.

Les régents qui règnent au nom du nouvel empereur (Puyi) depuis 1908 attisent le feu en autorisant l'élection d'assemblées provinciales alors même qu'est retardé le régime constitutionnel promis par Cixi (1909). Ces assemblées deviennent des foyers d'opposition. A l'été 1911, le Sichuan entre en dissidence. Le 10 octobre ("Double Dix"), un complot d'officiers subalternes influencés par la propagande de la Ligue Jurée, mais sans liens avec elle, éclate à Wuchang, capitale de la province voisine du Hubei. Les insurgés remettent le pouvoir aux notables de l'assemblée provinciale. L'indépendance et la République sont proclamées tour à tour dans les provinces centrales et méridionales, qui suivent bientôt l'exemple du Hubei. Les notables prennent en charge une révolution décentralisée où les révolutionnaires de la Ligue brillent par leur absence (Sun Yat-sen se hâte de rentrer des Etats-Unis). Ils font entendre cependant leur voix à Canton, à Shanghai, et dans l'assemblée des délégués provinciaux réunie à Nankin où, non sans peine, ils obtiennent l'élection de Sun à la présidence de la République (1er janvier 1912).

Entre-temps, Pékin a répliqué en déclenchant contre le Sud une offensive confiée à l'armée Beiyang de Yuan Shikai. L'équilibre Nord-Sud impose un compromis en février : Yuan négocie l'abdication de Puyi, le "dernier empereur" ; Sun se démet au profit de Yuan, qui devient en mars président d'une Chine en apparence républicaine et réunifiée, mais guettée par le morcellement et la réaction. La désorganisation des révolutionnaires n'est

Avant de succéder à Sun Yat-sen à la présidence de la République (1912), le général Yuan Shikai (1859-1916) aura été le principal artisan de la modernisation militaire. L'armée du Nord (dite Beiyang*), qui lui est personnellement dévouée, est la pépinière des Seigneurs de la guerre qui se partageront la Chine après sa mort.*
Ph © Coll. Viollet

qu'un signe parmi d'autres de la faiblesse des nouvelles forces politiques. Les institutions parlementaires, les partis (tel le Parti nationaliste ou Guomindang, successeur de la Ligue Jurée), les élections de la fin 1912 ne suffisent pas à compenser ce handicap. Le pouvoir revient à la seule faction militaire qui puisse maintenir l'unité du pays, avec l'appui financier et politique des Puissances : l'armée Beiyang. Après la victoire électorale du Guomindang, Yuan écrase les opposants des provinces méridionales qui prennent les armes contre ses projets autoritaires (1913). Il impose sa dictature (1914), tente de restaurer l'Empire (1915), provoquant par là une nouvelle rébellion qui s'enlise comme celle de 1913 dans les provinces. Lorsqu'il disparaît, en 1916, le pouvoir militaire se désagrège à son tour au profit d'une myriade de Seigneurs de la guerre. Sous la fiction du cadre parlementaire et du gouvernement central, qui survivent à Pékin, la Chine se fragmente et se replie sur ses horizons locaux. Le rêve n'aura pas duré longtemps. Mais en 1912, la République semble un cadre solide, offrant des libertés et la possibilité d'agir, y compris par les armes : Mao est l'un de ceux qui répondent à cet appel. Avec l'ardeur et les naïvetés de ses dix-huit ans.

Des Taiping aux Boxeurs, la violence s'installe dans les mœurs politiques de la fin de l'Empire. Pourchassés, exécutés, les révolutionnaires antimandchous font de cette violence une quasi-religion. Les communistes et Mao en retrouveront l'esprit au cours des années vingt.
Ph © Roger-Viollet

SUN YAT-SEN ET LES RÉVOLUTIONNAIRES ANTIMANDCHOUS

Enfant du delta cantonais comme le fondateur des Taiping, le docteur Sun Yat-sen a emprunté la voie de l'opposition violente à la dynastie dès 1895. Les premiers révolutionnaires qu'il rassemble au lendemain de Shimonoseki ne se distinguent guère des rebelles. Leur recrutement se confond d'ailleurs largement avec celui des sociétés secrètes du Sud. Peu à peu, cependant, Sun étend son influence sur les Chinois christianisés et dans la diaspora des mers du Sud. Absorbé par la préparation et l'échec d'incessants complots en Chine du Sud, il éprouve quelque mal à se faire entendre des groupes républicains qui fleurissent dans les provinces après 1900. Son rôle de précurseur consiste surtout à camper le prototype du révolutionnaire professionnel. Sun ne parvient à fédérer le mouvement qu'en 1905, dans la Ligue Jurée, avec un programme fourre-tout, les "trois principes du peuple". Le nationalisme, surtout antimandchou, n'exclut pas la volonté de s'entendre avec l'Occident ni des velléités de rapprochement "panasiatique" avec le Japon. La République est fondée sur le modèle institutionnel américain. La "vie du peuple" est un programme social mêlant des idéaux traditionnels — comme la redistribution des terres — à une industrialisation préservée des tares du capitalisme grâce à l'intervention de l'Etat. Comme tous ses contemporains, Sun veut le progrès économique sans la lutte des classes. Mais sa vision étatique le marginalise face aux convictions activistes de la plupart des intellectuels, pour lesquels la démocratie est l'expression de l'autonomie du peuple — uni autour de son avant-garde — par rapport aux institutions politiques, considérées, à travers le régime honni des Qing, comme porteuses de clivages aliénants et génératrices de corruption.

Une démocratie sociale autogérée par le peuple sous la conduite "héroïque" des intellectuels : voilà le modèle que dicte aux premiers révolutionnaires la fusion de l'idéal activiste et de l'idéal rebelle, la vision particulière de la démocratie qui restera au fond de leur culture politique après avoir conditionné leur découverte des idéologies occidentales. Il n'est pas surprenant qu'ils soient majoritairement nihilistes, anarchistes ou populistes, c'est-à-dire partisans (à l'exemple admiré des premiers révolutionnaires russes) de schémas organisationnels communautaires et d'actions violentes, terroristes exaltant l'héroïsme individuel. L'union et la fondation d'un parti en 1905 sont donc restées illusoires. La politique institutionnelle voulue par Sun ne s'impose pas contre le désordre activiste, sans doute plus en accord avec l'état réel de la société. Malgré les progrès de la modernisation, comme ici ce train qui semble figurer le mouvement de l'Histoire. En 1912, il ne se maintiendra pas trois mois à la présidence de la République... ■

Ph © L'Illustration/Sygma

Chapitre 2

UN PROVINCIAL ENTRE DEUX CHINE

1893-1920

FILS DE PAYSAN, MAO VIT SON PREMIER APPRENTISSAGE DE LA POLITIQUE À CHANGSHA, CAPITALE DU HUNAN. DE L'AVÈNEMENT DE LA RÉPUBLIQUE À LA FONDATION DU PARTI COMMUNISTE : ITINÉRAIRE D'UN AGITATEUR DE PROVINCE.

Au lendemain du Double Dix, Mao veut s'engager dans les troupes du Hubei. La rébellion le devance en éclatant à Changsha le 22 octobre. C'est dans l'armée des Hunanais commandée par Tan Yankai, futur Seigneur de la guerre de la province, qu'il prend du service pour quelques mois, le temps pour Tan de liquider les agitateurs de la Ligue Jurée qui l'ont aidé à prendre le pouvoir. Que les élites sociales, politiques et militaires s'emparent de la République ne trouble pas notre soldat : au printemps 1912, il quitte l'armée, estimant que la révolution est définitivement accomplie. Le vieux Mao n'aura plus de ces crédulités... mais le jeune homme reflète l'époque, illusions comprises.

Mao Zedong (troisième à partir de la gauche) naît le 26 décembre 1893 dans le village de Shaoshan, district de Xiangtan, province du Hunan, au cœur géographique et paysan de l'immense empire des Qing : fils de la terre, donc, parmi des millions d'autres — pas loin de quatre cents —, qui constituent la très grande majorité des sujets de Cixi et de son neveu Guangxu, l'avant-dernier Fils du Ciel.
Ph © R. Burri/Magnum

L'autobiographie donnée en 1936 au journaliste américain Edgar Snow est une version politisée de l'enfance et de l'adolescence. Un pôle négatif : le père, paysan âpre au gain enrichi dans le négoce ; un foyer à l'abri du besoin mais sans agrément ; la mère, tendre et pieuse bouddhiste, avec laquelle Mao apprend vite à s'allier pour faire front contre l'autorité paternelle. A huit ans (1902), suivant la coutume, on le met à l'apprentissage des caractères et des classiques. Mais la fréquentation de l'école du village ne le dispense pas des travaux des champs : la famille n'a ni les traditions, ni les moyens du milieu lettré. Ce n'est d'ailleurs pas là que vont les ambitions du père, qui veut un successeur et... un comptable. Au reste, que valent les études classiques depuis que les examens n'ont plus cours ? En 1907, l'adoles-

Mao (à droite) grandit dans le foyer d'un paysan enrichi dans le négoce des grains, dont il refuse l'autorité et les ambitions — ce père veut faire de lui un gestionnaire et un comptable.
Ph © R. Burri/Magnum

cent retiré de l'école est voué aux champs et aux comptes. Mais la carrière de gestionnaire qui s'offre à lui ne le captive pas plus que l'essor de la petite bourgeoisie rurale, sur lequel il écrira des gloses marxistes vingt ans plus tard. S'instruisant tant bien que mal auprès d'un étudiant et d'un vieux lettré, il lit en cachette les romans populaires grâce auxquels il a tôt fait de mettre en rapport la vie des héros avec l'impératif qui le fait vibrer au diapason de son époque : la régénération de la Chine.

Premier apprentissage

Apprendre le nouveau savoir dans l'une des écoles ouvertes par les notables du Hunan, particulièrement actifs dans la réforme de l'éducation, devient l'ambition de Mao et le sujet des conflits familiaux. Bravant la colère paternelle, il s'inscrit en 1910 dans un établissement primaire du chef-lieu de Xiangxiang, le district voisin de Xiangtan, dont sa mère est originaire. A seize ans, c'est plus qu'un autre horizon familial qui se découvre à lui. Il entr'aperçoit celui de la crise nationale et de la politique en prenant connaissance (avec deux ans de retard !) du décès de Cixi et, avec quelque retard aussi, du mouvement des réformes. S'enthousiasmant pour Kang Youwei et Liang Qichao, il frémit au destin de la Corée (colonie japonaise en 1910) mais applaudit à la victoire du Japon sur la Russie (1905). Ses lectures, hormis les romans, privilégient l'histoire des grands hommes :

quelques symboles de l'émancipation moderne — Rousseau, Lincoln, surtout des chefs d'Etat, des guerriers (Napoléon), des fondateurs ou "restaurateurs" d'empires (Zeng Guofan). En 1911, le vapeur de Changsha le conduit à la grande ville de la province : il a décidé de suivre les cours d'une école secondaire.

Le collégien vaguement réformiste et surtout très nationaliste a pourtant vite fait de virer au rebelle sous l'influence d'un groupe d'étudiants républicains. Comme eux, il rédige des proclamations, fièrement collées au mur de l'école (les fameux dazibaos de la Révolution culturelle ont des origines anonymes et lointaines) et, comme eux, il coupe sa longue natte de sujet des Qing. Son mouvement premier n'est pas de penser la révolution, mais d'agir... en faisant agir les autres : il force la main de condisciples hésitants. Ne voyons pas là pourtant un trait de caractère ou l'anticipation d'une politique manipulatrice qui lui serait propre. Ces incidents sont fréquents en 1911 et Mao est dans le ton activiste de l'agitation antimandchoue.

Il n'a pas non plus manqué le rendez-vous avec l'héroïsme que lui donnait son époque. Il se voit, à travers ses modèles, tout à la fois rebelle et homme d'Etat, en tout cas chef de guerre, jamais lettré. Il suit la pente de son temps en plaçant le culte de la volonté, du courage moral et physique des hommes d'exception au-dessus du travail des idées. Le communisme n'effacera pas ce trait dans le maoïsme, tout en lui adjoignant l'arme du dogmatisme idéologique. Et le maoïsme se méfiera comme par instinct des constructions institutionnelles en héritant de la polarité fondamentale qui définit la culture politique des révolutionnaires : la rébellion destructrice et l'activisme de perfectionnement. Pourtant, en 1912, la réussite de la révolution suspend cette méfiance ; la République semble un cadre favorable à l'émancipation de la société. Mao entre en politique par la grâce d'une synthèse entre ses idéaux d'hé-

Vue de village prise du chemin de fer Pékin-Hankou à la fin du XIXe siècle. Malgré l'ouverture des régions côtières, l'Empire reste un empire agraire. Mao n'a pas eu besoin de "découvrir" les campagnes. Contrairement aux intellectuels européens, les révolutionnaires chinois n'ont pas oublié leurs racines paysannes.
Ph © M. Durazzo/ANA

roïsme rebelle et de grandeur impériale. Le facteur humain lui semble de nature à surmonter les contradictions politiques. Conscient du fossé qui sépare révolutionnaires et réformistes, mais incapable de trancher entre ses enthousiasmes, il imagine de confier la Chine à un triumvirat Sun Yat-sen-Kang Youwei-Liang Qichao...

L'UNIVERS DE MAO

***P**ar opposition à l'univers paysan de Shaoshan et de Xiangtan, Changsha fait figure de grande ville, même si, comparée à Pékin ou Shanghai, elle représente la province. Mais une province ouverte sur tous les courants, où le souvenir de Zeng Guofan (l'homme d'Etat qui écrasa les Taiping en 1864) reste vivant, tout comme celui des réformistes : Liang Qichao et Tan Sitong ont fait leurs premières armes au Hunan avant les Cent Jours de 1898.*

Vers une autre révolution

L'échec de la République douche ces illusions. Les intellectuels délaissent l'action politique dans les institutions pour des activités communautaires (coopératives, éducation) ou des formes inédites d'expression : manifestations, grèves. Le radicalisme social du mouvement anti-Qing des années 1900 se renouvelle et s'approfondit dans les années 1910. Mao s'initie à cette nouvelle sorte d'activisme qui tourne le dos à la politique, à ses violences et à ses artifices discrédités, pour mieux s'unir aux “masses”, appellation nouvelle du peuple.

Le renouveau s'appuie sur deux évolutions simultanées : une avancée remarquable de la société urbaine dans le secteur côtier et l'arrivée d'une nouvelle génération intellectuelle. C'est vers 1915 que la conjoncture économique donne un coup de pouce décisif à l'essor jusqu'alors lent du capitalisme industriel chinois. L'effondrement du gouvernement central réduit les interventions de la bureaucratie. Les Européens, immobilisés par la Première Guerre mondiale, libèrent des créneaux, en particulier le secteur des textiles, que Japonais et Américains ne peuvent occuper pleinement. Production et exportations connaissent un véritable boom jusqu'au début des années vingt.

Avec sa bourgeoisie d'entrepreneurs, ses quartiers d'usines et de lotissements ouvriers, ses mouvements sociaux qui prennent des formes modernes — grèves et manifestations de rue, syndicats et associations de citoyens —, la Chine “bleue” tourne ses regards vers nos horizons familiers. Les intellectuels y rencontrent un écho qui dépasse le cercle de la jeunesse des écoles modernisées, dont les premières promotions atteignent alors l'âge de l'éveil politique. Cet éveil est stimulé par l'apparition d'un nouvel ennemi, qui détourne contre les mœurs traditionnelles la violence anti-Qing des aînés : Confucius.

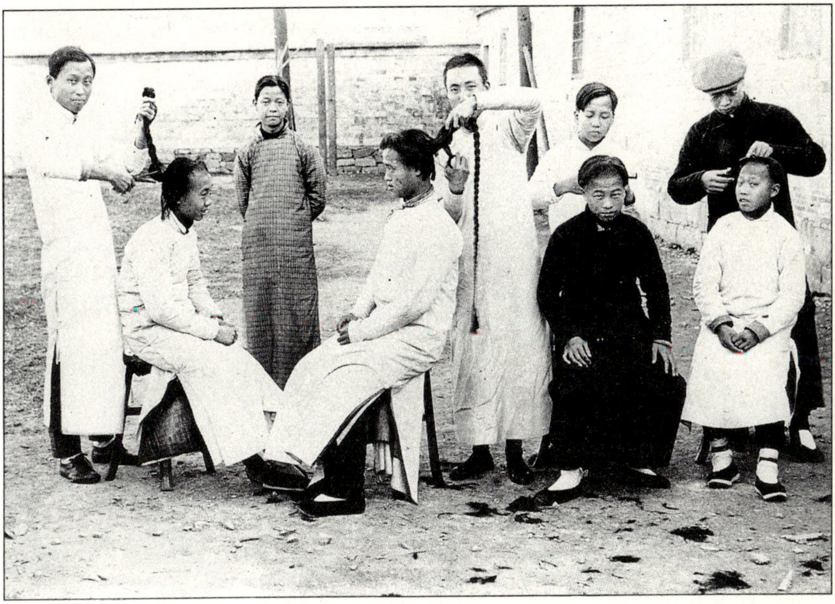

Couper la natte imposée aux Chinois par les conquérants mandchous depuis le XVIIe siècle : ce geste de défi est le signe de ralliement des révolutionnaires des années 1900 et, plus généralement, l'affirmation d'une volonté de renouveau.
Ph © Edimédia

En tête de la critique anticonfucéenne, un homme : Chen Duxiu (1879-1941), une revue, *La Nouvelle Jeunesse*, fondée par le francophile Chen à Shanghai en septembre 1915, et une idée : les causes de l'échec de la République sont d'ordre moral et mental. Contrairement à Sun Yat-sen, auteur à la même époque d'un diagnostic et de solutions politico-militaires, Chen Duxiu impute à l'empire de Confucius, bien plus difficile à abattre que celui des Qing, la bureaucratie, le militarisme, les injustices d'une société conformiste, passive. Echappant à son emprise parce qu'ils sont purs des souillures de la vie et capables d'enthousiasme, les jeunes Chinois sont invités à détruire les idoles d'un ordre mort en se libérant au nom de la science et de la démocratie.

Chen et ses amis (Hu Shi, notamment) prônent un renouveau activiste afin de fonder une société capable

A partir du milieu des années 1910, la Chine "bleue" connaît un âge d'or, auquel il manque de pouvoir s'appuyer sur des institutions étatiques solides, mais dont les effets sont décisifs pour la modernisation des grands centres côtiers, en particulier à Shanghai : vue du Bund, l'artère des grandes maisons de commerce bordant une courbe du fleuve, le Huangpu, à la jonction de la concession internationale et de la concession française.
Ph © Roger-Viollet

de porter les institutions d'une démocratie libérale, garante des droits de la personne. Si la jeune génération fait écho à leur message de libération personnelle, la suspicion dans laquelle la politique est tenue — par la guerre (en Chine comme en Europe), l'impérialisme, les cliques, la violence, la corruption — décourage toute réflexion approfondie sur les instruments de la démocratie (tels les partis ou les droits de l'Homme, au sens juridique du terme). Suivant l'évolution amorcée par les révolutionnaires anti-Qing, le mot "démocratie" désigne l'unité du peuple-nation conduit par ses avant-gardes (étudiants et intellectuels, précisément) contre de mauvais gouvernants.

Etre démocrate, c'est être social et patriote : en se libérant soi-même — en vivant librement, ce qui veut souvent dire en refusant le mariage ou la carrière prévus par les parents, en réfléchissant en petits groupes ou dans des revues aux moyens de "sauver la Chine", mais aussi en suscitant des actions de masse parmi les étudiants et le peuple. Ces manifestations ont souvent un caractère local et même localiste : il s'agit de défendre la province contre une clique militariste venue

de l'extérieur, ou bien une entreprise menacée de rachat par des intérêts étrangers... à la province. Les radicaux se rapprochent ainsi des notables modérés et réformistes qui animent les mouvements d'autonomie provinciale caractéristiques de la période, souvent en liaison avec des Seigneurs de la guerre considérés comme "légitimes" parce qu'ils sont du cru et "patriotes". Mais à côté de cet horizon provincial, qui sera celui de Mao, la période dégage une autre sorte de politique radicale : celle de la grande ville et des mouvements nationaux dirigés contre l'agression étrangère, en l'occurrence celle du Japon. En mai 1919, quand la conférence de Versailles cède au Japon les droits allemands sur la province du Shandong, les étudiants de Pékin descendent dans la rue, donnant l'impulsion à une vague de protestations patriotiques — le fameux Mouvement du 4 mai — à laquelle marchands et ouvriers s'associent.

Le mouvement relance dans toute la Chine l'activisme communautaire : les riches doivent œuvrer en faveur des pauvres, le peuple s'associer en coopératives, les étudiants doivent aller aux villages, les instruits éduquer les "masses" tout en s'éduquant eux-mêmes au contact des travailleurs, dans les usines et les champs. L'union du travail et de l'étude est recherchée, la "sainteté" du travail manuel est proclamée, en même temps que s'affirme l'enthousiasme pour la science et les techniques nouvelles. Ces thèmes valent un regain d'influence durable aux anarchistes, qui attirent en France quelques milliers d'"étudiants-ouvriers" et inspirent en Chine des tentatives de vie communautaire parmi les étudiants.

Mais ce climat d'optimisme et de concorde s'assombrit. La guerre qui se poursuit sans trêve en Chine, l'éclatement et l'impuissance du pays, l'éveil de la question ouvrière font douter de la validité de ces modes d'action. Ces doutes se cristallisent autour de la révolution russe dont l'impact, différé jusqu'en 1918-19, montre bien le basculement des certitudes activistes. Peut-on guérir la pauvreté, libérer les femmes et le peuple par l'entraide et l'éducation ? Une Chine de coopératives, une Chine sans gouvernement serait-elle viable ? Suffira-t-il de descendre dans la rue pour renverser le pouvoir ? A quels saints — à quel Kropotkine, Prou-

*"**A** bas la boutique de Confucius !" Dans* La Jeunesse, *puis de sa chaire à l'université de Pékin, Chen Duxiu appelle les jeunes Chinois à se mettre au diapason du monde moderne en prenant exemple sur deux "gentlemen" : "Monsieur Science" et "Monsieur Démocratie". Il les encourage à développer la maîtrise de soi dans la vie concrète (choix du conjoint ou d'un métier), et non dans la dimension morale chère à Confucius, où il ne voit que servitude.*
Ph © Edimédia

"Sauvons la patrie!" Comme la génération des révolutionnaires de la fin de l'Empire, celle du "4 mai" communie dans un nationalisme fervent. Ici, en discussion avec la police de Pékin, un groupe d'étudiants appelle à boycotter les produits japonais.
Ph © Edimédia

dhon, Tolstoï, Rousseau, Sorel, Marx, Dewey ou Russell (deux apôtres du mouvement coopératif et éducatif) se vouer? Non sans angoisse, alors qu'elle passe en revue tout l'acquis idéologique de la gauche occidentale, la génération du 4 mai retrouve à l'horizon de ses débats l'exigence d'une révolution-rupture, la nécessité de l'organisation. Mais non sans résistance aussi. Une tendance réformiste diverse mais largement représentée refuse de diviser les Chinois en classes sociales, en chapelles idéologiques ou en partis politiques. Les radicaux insistent au contraire sur le caractère global — révolutionnaire — de la refonte sociale qu'ils envisagent. Ce qui les divise, à la lumière de la révolution russe, est la question des moyens: faut-il organiser des partis structurés, faire appel à la violence, lier dans une même démarche contestation politique et agitation sociale? Aux yeux d'une infime minorité, ces interrogations imposent le choix du modèle bolchevik. Cette petite poignée d'ex-pourfendeurs de Confucius convertis en 1919-20 — une soixantaine — jette les bases du communisme chinois. Mais Lénine est adapté et trahi par la génération de Mao comme Mao le sera en Occident par celle des années soixante (voir encadré p. 49)...

Les premiers communistes se veulent des imitateurs scrupuleux dans ce qu'ils privilégient du modèle : l'organisation et l'action ouvrière. Ils constituent des "petits groupes" au sein des associations nées à l'époque du 4 mai dans la plupart des grandes villes chinoises, ainsi que parmi les étudiants de Tokyo et les "étudiants-ouvriers" de Paris. La préhistoire de ces groupes est faite de ruptures et d'épurations qui les isolent des anarchistes et du Guomindang, "refondé" en 1920 par un Sun Yat-sen prompt à capter le besoin d'organisation qui se fait jour, mais dans une direction politique opposée. Le parti de Sun refuse la lutte des classes et l'internationalisme tout en regardant lui aussi du côté des ouvriers. Les groupes de Shanghai (sous la houlette de Chen Duxiu) et de Pékin (sous celle de Li Dazhao) organisent la propagande et l'action ouvrière avec l'aide des envoyés du Komintern, l'Internationale communiste fondée par Lénine en 1919. En juillet 1921, Hendricus Sneevliet, alias Maring, provoque la fusion des "petits groupes". Treize de leurs délégués, réunis dans la concession française de Shanghai du 27 au 30, fondent le Parti communiste chinois. Malgré l'interruption de leurs travaux par la police, ils proclament l'adhésion du

LE MOUVEMENT DU 4 MAI 1919

Oubliant l'entrée en guerre de la Chine aux côtés de l'Entente en 1917, mais pas les promesses antérieures faites au Japon, la Conférence de Versailles déçoit cruellement les occidentalistes, qui sont avant tout des patriotes, en faisant passer la province du Shandong dans la sphère d'influence nippone. Aussitôt la nouvelle connue, les étudiants de Pékin descendent dans la rue afin de "sauver la Patrie" en clamant leur opposition aux Puissances, au Japon et au gouvernement militariste — dont les représentants quittent d'ailleurs Versailles sans signer le traité. Bientôt, les étudiants d'autres villes prennent le relais, les associations marchandes et les ouvriers organisent boycottages et grèves. Malgré la répression — Chen Duxiu est jeté en prison —, les manifestants obtiennent quelques victoires : démission des ministres projaponais du gouvernement, diffusion de la langue vernaculaire dans l'enseignement. Mais ce qui importe surtout, c'est la fièvre d'organisation qui sous-tend le mouvement, l'agitation des idées et l'articulation politique qui va s'esquisser au lendemain du 4 mai : en 1921 naît le Parti communiste, tandis que renaît le Guomindang de Sun Yat-sen, qui sait prendre le train en marche tout en évitant de suivre Chen Duxiu sur la voie de l'abandon des traditions. Ces partis vont faire le lien, grâce au nationalisme, avec les milieux réformistes provinciaux en reconstituant un espace politique. Par là, le mouvement intellectuel et social de la Chine "bleue" se perpétue jusqu'au cœur des années 1920 en dépit de l'essoufflement de la prospérité économique. ■

nouveau parti au Komintern, rejettent l'alliance avec le Guomindang préconisée par certains et mettent Chen Duxiu à leur tête. Délégué par le groupe communiste du Hunan, Mao est l'un des treize.

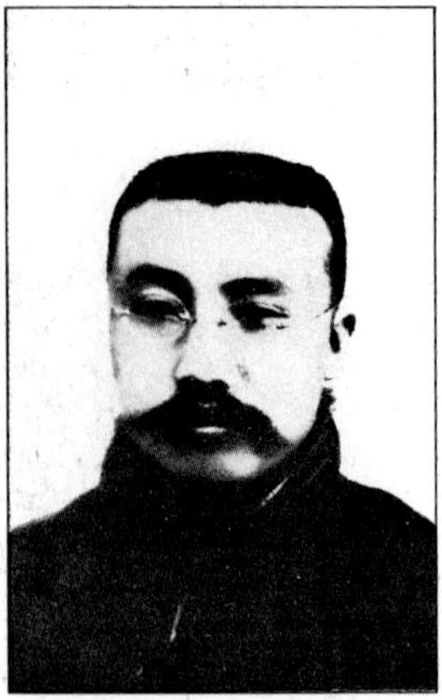

Rédacteur à La Jeunesse, Li Dazhao (1888-1927) est l'un des premiers à s'intéresser plus qu'épisodiquement au marxisme, mais d'un point de vue qui reste fidèle à la pensée des révolutionnaires chinois. Ainsi le peuple chinois — y compris les paysans — se confond-il avec la classe prolétarienne. Loin d'incarner un courant annonciateur de Mao, Li Dazhao illustre une tendance générale, présente chez tous les "convertis" au marxisme. De France, Cai Hesen écrit à Chen Duxiu, en février 1921 : "La Chine est une nation entièrement prolétarienne."
Ph © Edimédia

L'étudiant

Ancien parmi la génération du 4 mai (ses vingt ans datent de la chute des Qing et de la République...), il s'est mis au diapason de ses jeunes contemporains, y compris dans leur préférence marquée pour la ville. Mais sans aller jusqu'au cosmopolitisme des grands intellectuels de Pékin et de Shanghai : farouchement attaché à son Hunan, il donne comme un écho provincial des nouveautés de l'heure jusque dans sa conversion au communisme. En 1912, après avoir quitté l'uniforme, il a épluché les annonces des écoles professionnelles dans les journaux de Changsha : policier, fabricant de savonnettes, juriste ("mandarin et juriste" écrit-il à ses parents), homme d'affaires, quel métier choisir ? L'institut de commerce qu'il choisit le rebute au bout d'un mois. Revenu à l'école, il n'y tient pas plus de six mois. Suivent six autres mois de lectures libres à la bibliothèque de Changsha (pour la première fois, il voit une carte du monde !). Il rassure enfin sa famille (on menace de lui couper les vivres) en s'inscrivant en 1913 à l'Ecole normale n° 4 de Changsha, qui fusionne l'année suivante avec la n° 1.

L'Ecole normale n° 1 dispense un enseignement de haut niveau, qui ne peut rivaliser cependant avec le cosmopolitisme intellectuel de Beida. Mao en perçoit pourtant l'écho dans *La Jeunesse*, qu'il lit dès 1916, et dans les cours d'un professeur, Yang Changji, dont il épousera la fille, Yang Kaihui, à l'hiver 1920... sans tenir compte du mariage avec une paysanne que ses parents ont "arrangé" pour lui. Lettré solide, Yang professe une version adoucie de l'occidentalisme. Il enseigne surtout une philosophie activiste de la volonté et incite ses disciples à pratiquer une approche concrète des problèmes théoriques. Mao trouve dans ce discours la confirmation de ses inclinations et la justification du dédain que lui inspirent les "purs" intellectuels. Ceux-ci d'ailleurs le rendent bien à ce condisciple qui fait figure de personnage à part, plus âgé, vêtu pauvrement et sans recherche : un rustre au verbe haut, souvent grossier, un original fier de sa force qui n'hésite pas à déambuler nu pour exhiber ses muscles. Grâce à Yang, il met noir sur blanc ses théories athlétiques et activistes dans un article ("Etude de l'éducation physique") publié

LÉNINE VU DE CHINE

Se mettre au niveau de l'ennemi, le combattre avec ses armes : ennemi, lutte, violence, organisation, tout est là. Au départ, la révolution bolchevique a été saluée, par les anarchistes, comme une victoire du modèle communautaire. En 1919, communisme de guerre aidant, la réalité de l'Etat et de l'organisation bolcheviques se superpose à la démocratie des soviets. Les pacifiques solutions d'entraide, les actions locales propres au modèle chinois font figure d'archaïsmes dépassés par la violence organisée du monde moderne. La théorie de la lutte des classes définit l'ennemi : derrière l'Etat, l'armée, et l'impérialisme, un capitalisme plus international que national, car les convertis restent attachés à l'idéal de l'unité chinoise. Ils retiennent de Lénine la fusion entre révolution sociale et libération nationale des peuples dominés par l'impérialisme. La Chine n'est pas vue comme une société de classes (les premières analyses de classe datent de 1923) : elle est une "nation prolétaire", la plupart des Chinois sont potentiellement révolutionnaires. Repéré jadis chez le seul Li Dazhao (dont on a fait un peu vite un prémaoïste), ce trait caractérise l'ensemble des convertis, de même que leur identification avec la "classe ouvrière" — autre manière de capter le modèle (le parti avant-garde du prolétariat) au bénéfice du schéma activiste (les héros font partie du peuple qu'ils guident), toujours présent mais désormais voué à justifier l'existence organisationnelle séparée et la supériorité stratégique du parti. Loin d'être un à-peu-près hâtivement "bricolé", cette vision doit sa cohérence au volontarisme de ses auteurs. Jouant sur les deux tableaux familiers à Lénine (l'histoire donne la révolution par son déroulement dialectique, mais il faut lui forcer la main), ils enfournent dans la brèche les convictions sur le rôle de la volonté que leur a léguées la fin du XIXe siècle et proclament la supériorité des facteurs "subjectifs". En sorte que l'organisation politique des masses est non seulement le meilleur moyen de s'emparer du pouvoir, mais aussi celui de réaliser le "saut" par-dessus le capitalisme qui figurait déjà au programme des révolutionnaires antimandchous, sans oublier les espoirs des tout premiers réformateurs. C'est ce nouvel avatar du rattrapage accéléré qui rallie Chen Duxiu au début de 1920, la foi dans les capacités transformatrices du monde des villes, de l'usine et de la machine — symbolisé dans la classe ouvrière — relayant l'espérance tout aussi volontariste qu'il avait mise dans la jeunesse. La communauté chinoise repeinte sous les couleurs de la modernité : c'est là sans doute qu'est la rupture essentielle avec les schémas antérieurs, pour lesquels la coupure villes-campagnes n'était guère pertinente. Ceux qui maintiennent cette ouverture ne sont pas nombreux : Li Dazhao, Peng Pai surtout, le seul communiste de la conversion à court-circuiter l'agitation ouvrière pour tenter d'appliquer le nouveau modèle dans les villages. Mais l'orthodoxie n'existe chez aucun des convertis de 1920. Comment pourrait-il en aller autrement ?

En Europe, le mouvement communiste s'est nourri d'une culture : celle du mouvement ouvrier et de la politique de gauche.

En Chine, il lui faudra créer son propre support.

Les années 1920 marqueront un progrès, mais l'écart avec le modèle russe ne sera jamais comblé jusqu'à ce que la maoïsation du parti en creuse un autre... ■

"Xiao : — Comptes-tu passer tes vacances ici, à l'Ecole, comme l'été dernier ?

Mao : — Je n'ai rien décidé encore. Et toi ?

Xiao : — Moi, je vais voyager en mendiant.

Mao : — Mendiant ? Qu'est-ce que tu veux dire ? Je ne comprends pas..."

Xiao Sicheng, 1916

par *La Jeunesse* en avril 1917 : "Le principal objectif de l'éducation physique est l'héroïsme militaire..."

Deux autres normaliens, Cai Hesen et Xiao Zicheng, forment avec lui un petit club des "Trois héros" en souvenir des *Trois royaumes*. Il les entraîne dans des exercices d'endurance physique. Pendant les vacances, le trio parcourt les campagnes environnantes, couchant à la belle étoile, écoutant les mendiants et les conteurs, redoutant les molosses que les villageois méfiants lâchent sur eux... Ils affirment ainsi leur souci de garder le contact avec la vieille Chine des traditions, alors qu'ils sont passés à la ville, se veulent modernes et crient haro sur Confucius.

C'est bien à cheval sur les deux mondes qui modèlent son univers que Mao déploie son activisme d'étudiant. Il milite en faveur des nouvelles idées, participe à l'organisation d'une association, mais en 1917 — l'année des "salves de la révolution d'Octobre" (Mao à Snow en 1936) qui passent aussi inaperçues de lui que de la plupart des Chinois —, contre un coup de main des militaristes du cru, c'est de lances en bambou qu'il arme des "volontaires". Lorsque les normaliens débattent des moyens de sauver la Chine, il récuse et la politique — il faut des relations, de l'argent — et l'éducation du peuple, d'effet trop lent. Il faut, dit-il, imiter les héros de *Au bord de l'eau*... Les deux années qui suivent l'engagent plus fermement du côté urbain et moderne. En même temps qu'il obtient son diplôme (printemps 1918), l'Association pour l'étude de la régénération du peuple (*Xinmin xuehui*) est fondée avec Cai et quelques autres "héros" de l'école (dont Liu Shaoqi, entré en

1916). Après cet hommage à l'activisme ancien (le *xinmin*) et nouveau, il monte à Pékin dans le sillage de Yang qui est appelé à Beida. Par son entremise, il décroche un emploi subalterne à la bibliothèque universitaire sous les ordres de Li Dazhao. Li sait se montrer bienveillant quand d'autres gloires de Beida snobent le provincial au parler incompréhensible. Il invite son protégé aux séances du petit groupe d'études marxistes (surnommé le Pavillon rouge) qu'il réunit à la fin de 1918 tout en professant du modèle russe une vision anarchisante et en invitant les jeunes à "aller dans les villages". Mao n'en fait rien : c'est à Shanghai qu'il va.

Il y retrouve, début 1919, les Hunanais recrutés par l'Association Xinmin pour rejoindre les étudiants-ouvriers de France. Mais alors que d'autres membres de l'Association, comme Liu Shaoqi, vont à Moscou sur les conseils de He Minfan, lettré chenu de Changsha tôt converti au modèle russe, Mao, lui, reste sur le quai. Il se contente de découvrir la modernité urbaine en terre chinoise, qu'il ne quittera pas avant d'aller rencontrer Staline à Moscou en 1950. Il est de retour dans sa province quand la tempête du 4 mai déferle sur Changsha. Durant l'été, il participe à l'organisation du microcosme d'étudiants, de professeurs et de notables éclairés qui forme la société politique provinciale. Le militariste contre lequel se ligue cette agitation a tôt fait d'interdire l'hebdomadaire (*La Critique du Hunan*) qu'il a fondé. En novembre 1919, il doit fuir. Au cours d'une deuxième montée à Pékin, il lit les premières traductions d'ouvrages marxistes (des bribes !). Il rencontre surtout à Shanghai (où il travaille dans une laverie) le prestigieux Chen

Les fondateurs obscurs du Parti communiste chinois. Avoir assisté au premier congrès du parti n'est le gage d'aucune importance historique particulière. S'il avait été exécuté en 1927 après son arrestation par la police rurale du Hunan, Mao n'eût pas laissé un plus grand souvenir que celui des obscurs délégués du Shandong, Wang Jinmei et Deng Enming. Il est flanqué d'un autre Hunanais, He Shuheng, membre de l'ancienne génération comme Dong Biwu, délégué du Hubei avec Chen Tanqiu. Excepté Maring, cheville ouvrière du premier congrès, les vrais fondateurs du PC — Li Dazhao et surtout Chen Duxiu — sont absents.
De gauche à droite : Mao, Wang Jinmei (1898-1925), Deng Enming (1900-1930), He Shuheng (1874-1935), Dong Biwu (1886-1975), Chen Tanqiu (1896-1943).
Ph © Archives CDCC

Duxiu, qui s'apprête à annoncer son passage au communisme après s'être persuadé que la démocratie exige l'organisation quasi militaire d'un parti de masse (hiver 1920). L'aspect militaire à part, c'est cette direction qu'il prend aussi, au cours des mois suivants, après son retour à Changsha, en travaillant avec le petit groupe informel qui s'est rassemblé autour de He Minfan.

Le “parti de Marx”

A quoi se rallie-t-il ? Moins au communisme en tant que tel — encore moins au marxisme — qu'à un activisme de masse organisé dans le cadre d'un parti solidement structuré : ce que les petits groupes protocommunistes ne sont évidemment pas, mais c'est le modèle qui compte ici, surtout à travers les lettres que Cai Hesen, converti au printemps 1920, lui envoie de France (voir encadré p. 52). L'idéologue patenté que Snow rencontrera en 1936 date de 1920 sa conversion au mar-

LA GRANDE UNION DES MASSES POPULAIRES

Dans la fièvre du 4 mai à Changsha, Mao signe sa première analyse théorique de la révolution, “La grande union des masses populaires”, publiée en juillet dans “sa” Critique du Hunan. Enjeux et choix sont clairement posés : Mao présente les marxistes comme un groupe violent qui adopte les méthodes de l'ennemi pour détruire “les aristocrates et les capitalistes”. Il préfère les moyens d'entraide capables d'activer des solidarités réformatrices dans une société fondamentalement unie que suggère Kropotkine, l'inspirateur favori, avec Proudhon, des anarchistes chinois. Des guildes aux chambres de commerce, des associations étudiantes aux syndicats, la capacité d'organisation et d'union de la société chinoise face au militarisme et à l'impérialisme est décrite avec amour. Incluant les paysans dans la “grande union”, mais montrant qu'exemple et dynamisme procèdent de la ville, ce texte est le moins obsédé de pouvoir et de luttes que Mao ait écrit — comme la période dont il reflète l'esprit “concordataire” et le dédain pour la violence. D'autres activistes du 4 mai “voient” de même la société agir par le biais d'acteurs qui ne sont plus des mythes (le peuple, la race, les héros), mais l'étudiant, le marchand, l'ouvrier, la femme, le paysan concrets, au travers de formes d'expression et d'association que les activistes peuvent mobiliser afin de “sauver” la Chine... et leur province : Mao pense avant tout au Hunan. Le passage au communisme transpose ce volontarisme dans une autre clé : la politique — institutions et pouvoir — peut utiliser plus efficacement ces “matériaux incendiaires” (selon la formule de Lénine). Chen Duxiu entretient probablement Mao de ce mode d'intervention auquel il se rallie durant l'hiver 1920. Puis, de France, où il effectue sa conversion au printemps 1920, Cai Hesen lui en vante les mérites : fi de l'entraide, fi du Hunan ! Il faut organiser un parti-instrument de lutte clandestin à l'échelle chinoise et choisir son camp. A Montargis, c'est chose faite en juillet 1920. Xiao Zicheng écrit à Mao : “J'ai défendu Proudhon, Cai a pris le parti de Marx.” Il y a loin entre ce parti de Cai et ce que Mao va faire au Hunan, mais un cap décisif est franchi. ■

xisme "en théorie et en pratique", après un passage par l'anarchisme. Mao n'a pas été plus anarchiste en 1919 qu'il n'est marxiste en 1920. Ce dont il se détache pour prendre "le parti de Marx" est l'activisme social "autonome" qu'il a bu aux mêmes sources que ses contemporains et qu'il exprime en juillet 1919 dans "La grande union des masses populaires". A partir de 1920, son programme consiste à incarner la "grande union" dans un parti. C'est dire qu'il "rentre" en politique, retrouvant le cadrage pratiqué spontanément en 1911-1912, oublié dans l'enthousiasme de la fin des années dix, et qu'il ne perdra plus de vue, même s'il lui faudra apprendre à le concilier avec la postulation rebelle toujours présente de son activisme. Par ce même biais, il mettra en œuvre la violence et l'organisation de la violence qu'il a sans doute entrevues dans ses lectures et ses rêves d'héroïsme, mais qui sont étrangères, du moins sous la forme d'absolu qu'il leur donnera dans les années trente, au monde de la politique qu'il fait sien au seuil des années vingt.

Le "4 mai" relance la vogue des études à l'étranger. La France succède au Japon (lieu d'apprentissage et d'exil de la génération précédente) comme phare de la modernité. Les jeunes Chinois — et Chinoises — qui s'y rendent, ne suivent pas nécessairement l'itinéraire politique de Zhou Enlai et Deng Xiaoping, les plus célèbres "retours de France" du PCC. En revanche, c'est pour s'initier au communisme que certains étudiants, comme Liu Shaoqi, vont en URSS. Par la suite, l'université Sun Yat-sen de Moscou formera de nombreux cadres du PC, mais aussi du Guomindang.
Ph © L'Illustration/Sygma

En 1920, Mao s'identifie au modèle tout en restant un activiste à la chinoise d'une société civile chinoise... et provinciale, c'est-à-dire squelettique, devant pour s'exprimer nouer des liens avec les notables réformistes et louvoyer entre les factions militaristes. De Shanghai, les dirigeants du PC des années vingt éprouveront quelque peine à réconcilier leur vision d'une révolution moderne avec la désarticulation du pays qui caractérise l'époque postimpériale : l'éclatement politico-militaire, mais aussi la distance creusée par l'essor et l'occidentalisation de la Chine bleue avec une province et des campagnes qui font figure de milieu sous-développé, sinon archaïque.

Ce facteur clé oriente d'emblée la pratique politique de Mao-activiste avant de déterminer l'action du guérillero puis l'ascension du dirigeant.

Chapitre 3

LA POLITIQUE DES AUTRES

1921-1927

En 1923, Moscou impose aux communistes chinois l'alliance avec le Guomindang de Sun Yat-sen. Mao y trouve l'occasion d'une première ascension et découvre l'importance du monde rural.

Rebelle et homme de pouvoir, activiste et politicien : l'ascension de Mao va de pair avec la mise au point d'une formule conciliant les contradictions nées de son entrée en politique. Mais avant d'élaborer sa synthèse, il loge son activisme dans la politique des autres. De 1921 à 1927, l'agitateur de province s'élève à la faveur du premier Front uni PCC-Guomindang, plus cadre du parti de Sun Yat-sen et patriote hunanais que militant communiste. La crise de 1927 l'enracine dans les campagnes en même temps qu'elle l'incite à forger ses propres armes politiques.

En 1920, Tan Yankai se réinstalle à Changsha. Jusqu'en 1927, Mao va suivre le sillage ondoyant de ce représentant caractéristique des élites provinciales issues du "ratage" de la République, proche à la fois du militarisme, de Sun Yat-sen et du mouvement autonomiste des notables hunanais. Dans l'immédiat, ses relations font de lui le directeur d'une petite école annexe de l'école normale n° 1. Le provincial snobé à Pékin, l'ouvrier-laveur de Shanghai, devenu gendre du renommé Yang, "monte" dans la hiérarchie sociale. Ses activités publiques l'ont mis en rapport avec les cercles autonomistes. Dans cet écheveau de relations personnelles et politiques, quelques fils font de Mao un communiste... à la mode du Hunan.

La légende voyait en lui le fondateur et le chef d'un communisme hunanais en flèche. C'est autour de He Minfan que le modeste groupe de Changsha se cristal-

Les milices ouvrières de Shanghai après l'insurrection du 22 mars 1927 sont le fer de lance d'une victoire en porte-à-faux, que Chiang Kai-shek anéantit le 12 avril en se retournant contre ses alliés communistes. Plus profondément, elle est relativisée par l'absence d'unité du mouvement révolutionnaire entre les différents centres urbains et avec les insurrections paysannes. Pourtant, même si la cité phare de la Chine bleue n'est pas l'unique épicentre d'une révolution éclatée, elle est bien le symbole des années vingt, tournées en priorité vers la ville, le monde ouvrier...

Ph © L'Illustration/Sygma

Liu Shaoqi (1898-1969) "dirige" le prolétariat d'Anyuan lors de la grève de 1922. Devenu l'alter ego de Mao après un itinéraire d'organisateur urbain qui fera de lui le symbole du pan ouvrier de la révolution, puis de l'appareil dans le pouvoir communiste, Liu sera rejeté dans les ténèbres extérieures et mis à mort, à petit feu, durant la Révolution culturelle. Tableau de Hou Yi Min (1961).
Ph © Roger-Viollet

lise en septembre 1920. Le délégué qui domine le congrès de juillet 1921 n'est ni Mao ni hunanais, mais Zhang Guotao, fidèle du Pavillon rouge (le groupe de Li Dazhao à Pékin) qui dirige le secrétariat chargé de coordonner depuis Shanghai les actions militantes en milieu ouvrier après avoir fait triompher l'option ouvrière contre la stratégie d'alliance avec le Guomindang.

Le communisme hunanais

Nommé à la tête de la branche hunanaise du secrétariat, Mao se met en devoir d'aller aux ouvriers... pour découvrir qu'au Hunan comme ailleurs, les anarchistes ont précédé les communistes dans un milieu qui est tout l'opposé de la modernité. Les ouvriers ne sont-ils pas pour la plupart des paysans en transit ? Comme ces derniers, ils se soulèvent en mouvements violents mais peu durables, avant de remettre leur sort aux mains des notables, dont par ailleurs ils soutiennent les actions "patriotiques" en faveur de la province. Les anarchistes s'efforcent de rompre cette dépendance, ce dont Mao les félicite, tout en critiquant leur refus de la politique. Changsha compte plus de notables et d'intellec-

tuels que d'ouvriers ? Mao se rend à Anyuan, au Jiangxi voisin, à la fin de 1921, mais c'est Li Lisan, son adjoint, et Liu Shaoqi, affecté par Shanghai à Anyuan à son retour d'URSS, qui organisent un syndicat et une grève en 1922. Non sans ambiguïté du reste : les notables sont prêts à gérer l'entreprise avec des organisateurs qui ont montré leur efficacité dans l'encadrement d'une main-d'œuvre indisciplinée ! Mais alors que Liu et Li vont épurer à Shanghai leur pratique de la lutte des classes, l'expérience ouvrière de Mao en reste à ces balbutiements.

La volonté de mobiliser les masses qui fonde son activisme se déploie davantage à travers les formules plus classiques de l'éducation. Gérant avec He Minfan une librairie culturelle qui sert de couverture aux activités de propagande, il honore les traditions provinciales de pédagogie active : programme d'éducation populaire, centre d'enseignement baptisé Université d'autodidactes où les stagiaires agencent leurs études sans perdre le contact avec la vie pratique... comme Mao s'était efforcé de le faire lui-même. Tout en opérant sur le terrain des "relations" et de l'"argent" qu'il récusait en 1917, Mao ne perd pas de vue la finalité progressiste qu'il assigne à la politique. Il n'en reste pas moins que sa "pratique" (notion inexistante à l'époque, qu'il développera beaucoup par la suite) est plus celle d'un négociateur-agitateur nageant comme un poisson dans l'eau du microcosme hunanais que d'un internationaliste acharné à détruire l'ennemi en construisant un parti clandestin. Il est vrai que les relais chinois d'un modèle plus imité symboliquement que vraiment mis en œuvre tendent à s'effilocher, même à Shanghai, mais moins là cependant que dans les provinces. C'est pourquoi le noyau qui y tient les rênes du parti — Chen Duxiu, Zhang Guotao, Cai Hesen, Li Lisan — critique "particularismes" et "provincialismes". Mao n'échappe pas à la leçon.

Mais les dirigeants doivent bientôt surmonter une épreuve autrement plus grave. Mettant en œuvre une stratégie arrêtée par le IIe congrès du Komintern (juillet 1920), Maring impose aux communistes l'alliance avec le Guomindang qu'ils ont rejetée un an auparavant. Ils y voient une trahison menaçant leur identité. Pour Mao, c'est au contraire une chance inespérée. Elle légitime

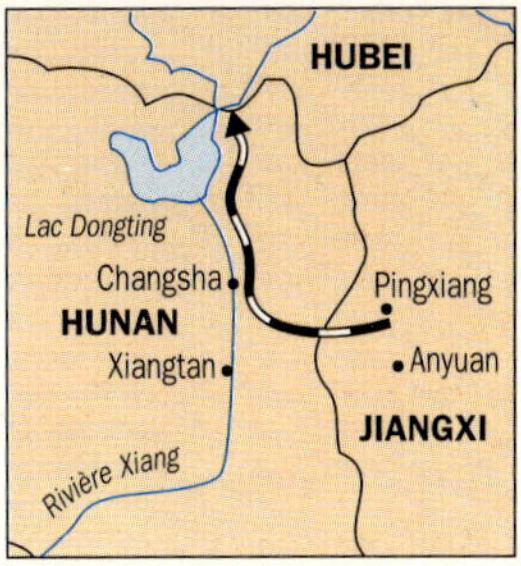

Les mines du Jiangxi. *Reliées au bassin de la rivière Xiang par une voie ferrée, les mines de Pingxiang et Anyuan rassemblent des milliers d'ouvriers : la principale concentration prolétarienne de Chine centrale. Ce "gisement" révolutionnaire est prospecté et mis en valeur en 1921-22 par des membres du PC venus du Hunan. Contrairement à Mao, qui n'y fait que deux brèves visites en 1921, Liu Shaoqi et Li Lisan vont y trouver leur vocation d'agitateurs ouvriers.*

son action en demi-teinte et va lui permettre de "monter" dans une organisation qui lui paraît plus apte que le PC à réaliser l'objectif qu'il a fait sien : soulever les "masses" à l'aide de moyens politiques.

Premier Front uni, première ascension

En 1922, une vague de grèves a semblé justifier la stratégie ouvrière. Avec trois cents membres du PC, Anyuan fait figure de "petit Moscou" : pour un parti élitiste formé par quelques dizaines d'intellectuels qui se connaissent et se recommandent personnellement, c'est un succès ! Une illusion, aussi, tuée par le militariste Wu Peifu en février 1923. Maring se saisit du drame pour contraindre les trop zélés convertis du PC à s'entendre avec Sun Yat-sen. Par la même occasion, il met fin aux atermoiements de Moscou, qui hésitait entre plusieurs alliés chinois... dont Wu Peifu !

Maître de la Chine du Nord qu'il dominera jusqu'en 1924, le Seigneur de la guerre Wu Peifu (1874-1939) se retourne brutalement, le 7 février 1923, contre une grève des cheminots de la ligne Pékin-Hankou qu'il a fait mine d'encourager afin de désorganiser les communications de ses adversaires.
Ph © Roger Pic

Sun, de son côté, vient d'être chassé par le Seigneur de la guerre avec lequel il gouvernait Canton depuis 1920. En janvier 1923, il signe avec le diplomate soviétique Adolphe Joffé une déclaration par laquelle Moscou s'engage à soutenir le mouvement de libération nationale sans chercher à imposer le communisme. Sous la houlette du général Blücher, alias Galen, et de "Monsieur Borodine", armes, fonds et conseillers arrivent à Canton où Sun reprend le pouvoir début 1923. Les communistes adhèrent individuellement au Guomindang, réorganisé sur le modèle russe. A Whampoa (Huangpu), non loin de Canton, une académie militaire forme des officiers dont Chiang Kai-shek, directeur de l'Académie, va durablement capter la loyauté. Zhou Enlai, rentré d'Europe, est son commissaire politique.

Pourquoi ne pas avoir armé directement les communistes plutôt que ceux qui les écraseront en 1927 ?

Parce qu'ils ne sont, aux yeux de Moscou, qu'une poignée d'intellectuels imbus d'un ouvriérisme sans issue, leur "maladie infantile". La question ne deviendra pertinente que dans la crise de 1927 : l'instrument militaire, en la personne de Chiang Kai-shek, s'avérera incontrôlable ; de son côté, le Parti communiste se sera transformé... grâce aux bénéfices de l'alliance.

A partir du milieu des années vingt, ses portes s'ouvrent à des recrutements plus nombreux, ouvriers autant qu'intellectuels : avec 58 000 militants au printemps 1927 (dont presque la moitié sont des ouvriers), il est le troisième du monde après les partis soviétique et allemand. Ancré dans le terreau syndical, surtout à Shanghai et Canton, il s'est rapproché du modèle léninien, même s'il s'appuie avant tout sur une dynamique nationaliste, relancée par le mouvement du 30 mai 1925. Ouvrant le feu sur une manifestation, la police de la Concession internationale de Shanghai a déclenché une cascade de protestations parmi les ouvriers, les étudiants et les milieux d'affaires. Comme celui du 4 mai, le mouvement gagne d'autres villes. A Canton, il dure seize mois, alors que Pékin et le nord du pays frémissent à peine. La révolution chinoise est une histoire qui ne cesse de chercher sa géographie...

En mars de la même année, la mort de Sun Yat-sen a ouvert une crise de succession au sein du Guomindang. Ecartant ses rivaux à droite (Hu Hanmin) et à gauche (Wang Jingwei), Chiang Kai-shek s'impose à Canton avec la bénédiction de Moscou, dont il se sépare cependant, par un coup de force, le 20 mars 1926. Alors que les dirigeants du PC souhaitent recouvrer l'indépendance, Borodine et Moscou ravalent leur dépit et s'inclinent. A Canton, un responsable du Guomindang, communiste mais en quasi-congé de parti, n'a pas ces états d'âme : Mao.

Chiang Kai-shek n'est certes pas à ses yeux l'homme d'Etat-chef de guerre qu'il admirait en Zeng Guofan. C'est un itinéraire plus subtil, fait d'entêtement, de frustrations et d'ambition, qui l'a conduit à tenter sa chance dans le Guomindang. Premier acte : une ascension bloquée au sein du PC. En 1923, les partisans du Front uni sont si peu nombreux que son engagement lui vaut d'entrer au Comité central, où il prend la relève de Zhang

Michel Markovitch Grüsenberg, alias Borodine (1884-1951), agent secret du Komintern en Amérique latine, est affecté en 1923 au théâtre chinois. Convaincu que le PC ne peut être que le "coolie" (l'homme de peine) de la révolution chinoise, il fera tout pour maintenir le premier Front uni PC-Guomindang à bout de bras. Chiang Kai-shek sera moins sensible à son influence que Sun Yat-sen.

Ph © Roger-Viollet

LA “BASE” DE CANTON

La plupart des activistes du 4 mai ont considéré, comme Mao, que la “grande union” dont ils avaient rêvé en 1919 s'incarnait dans l'alliance Guomindang-PCC. Malgré son manque de cohésion, le parti de Sun Yat-sen instaure dans un pays morcelé un semblant d'espace politique national qui fait le lien entre les provinces et la Chine “bleue”. A Canton, l'alliance si décriée (parce qu'elle devait conduire à l'écrasement du PC par Chiang Kai-shek à Shanghai, le 12 avril 1927) a eu au départ des effets plus nettement positifs.
Malgré leurs arrière-pensées, les partenaires apprennent à travailler ensemble.
Sun Yat-sen vante et utilise l'efficacité communiste dans l'organisation de la base populaire qu'il est résolu à donner à son parti.
Celui-ci, grâce aux conseillers soviétiques, devient enfin l'organisation politique fortement charpentée qui a fait défaut jusqu'alors. Mais ces convergences n'impliquent de la part de Sun aucune concession au communisme, même s'il a revu son programme dans un sens autoritaire depuis 1914.
Avant d'instaurer la démocratie, il faudra reconquérir le pays au moyen d'une grande offensive, dite Expédition du Nord, et le gouverner d'une main ferme : les réformes seront l'œuvre d'une dictature (la “tutelle”) du Guomindang.
Du côté communiste, l'alliance est moins bien acceptée, surtout dans le Comité central, qui reste à Shanghai. A Moscou, les trotskistes, qui ne veulent pas du Front, voient dans le Guomindang un parti de la bourgeoisie voué à trahir, dans Chiang un inévitable Bonaparte. Staline et Boukharine, qui ont rejeté Trotski dans l'opposition après la disparition de Lénine (1924), affirment au contraire que le Guomindang, enrichi de l'apport communiste, est un bloc de classes : quatre en tout, bourgeoisie “nationale” (c'est-à-dire nationaliste), petite bourgeoisie, ouvriers, paysans.
L'union de ces quatre classes découle du caractère “semi-colonial et semi-féodal” de la Chine.

Ces théories masquent une appréciation réaliste de la situation politico-militaire et du rapport des forces : classe ouvrière et société moderne sont trop faibles en Chine pour produire une révolution à la russe, sans compter les insuffisances d'un parti dont Karl Radek a brocardé les travers confucéens au IVe congrès de l'Internationale communiste (décembre 1922)… en présence de Chen Duxiu !
Pour se développer, la dynamique sociale devra attendre une “étape” ultérieure, qui conduira la Chine au socialisme. En attendant, il faut mobiliser les “masses” autour du nationalisme et de la question agraire, question que l'alliance PC-Guomindang sera chargée de traduire en termes politiques à partir de 1924-25… ■

Boukharine et Staline dans les années vingt.
Ph © Coll. Viollet

Guotao à l'organisation. Mais il est clair qu'il n'appartient pas à la coterie de Maring, ni au petit cercle des "grands" intellectuels qui jettent les fondements théoriques du Front en analysant le découpage en classes de la société chinoise urbaine et rurale (Chen Duxiu) ou les particularités historiques du capitalisme chinois (Qu Qiubai, un ancien du Pavillon rouge, retour d'URSS). Alors que derrière l'alliance avec Sun Yat-sen s'esquisse une vision de la société chinoise et de la révolution à la fois plus orthodoxe et ouverte à nouveau sur la profondeur rurale du pays, alors aussi que les adversaires du Front, tel le Hunanais Peng Shuzhi (rentré d'URSS au début de 1924), veulent attribuer au prolétariat la direction de la "révolution nationale", Mao glorifie la bourgeoisie : il salue à l'été 1923 un coup d'éclat de la chambre de commerce de Shanghai, qui a proclamé son indépendance à l'occasion d'un nouveau retournement de la situation politico-militaire. En 1923, l'absence de subtilité doctrinale le tient à l'écart dans son propre camp. Elle le marginalise en 1924, quand le départ de Maring, le retour de Peng Shuzhi et les hésitations de Chen Duxiu relancent le débat sur le Front.

Grâce au contrôle qu'il exerce sur l'armée, Chiang Kai-shek (1887-1975) se pose en arbitre des factions à la mort de Sun Yat-sen (1925). Le 20 mars 1926, il réduit par un coup de force l'influence des syndicats et des conseillers soviétiques à Canton. Le déclenchement de l'Expédition du Nord en juillet fait de lui le généralissime des armées nationalistes.
Ph © Coll. Viollet

Mao n'en poursuit pas moins son ascension, mais dans le Guomindang réorganisé. Il est élu à la Commission exécutive centrale (CEC), puis affecté au bureau shanghaien du Guomindang, où il travaille pour Hu Hanmin, accédant enfin, à trente ans, à la "grande" politique nationale (1924), au risque de passer pour un inconditionnel du Guomindang, et même de la droite nationaliste, dont Hu est l'un des chefs de file. Autre adversaire du Front — et de Changsha —, Li Lisan l'affuble du sobriquet infamant de "secrétaire de Hu Hanmin". Crise d'identité, maladie réelle ou feinte ? Mao passe plusieurs mois chez lui, à Shaoshan. Le IVe congrès du PC (1925) l'exclut du Comité central ; côté Guomindang, il se tient à l'écart des luttes de factions dont Chiang Kai-shek sort vainqueur en 1926. La vague du 4 mai avait porté son premier enthousiasme activiste ; celle du 30 mai le laisse indifférent, en congé de parti mais aussi de politi-

Li Lisan (1899-1967) est l'un des principaux dirigeants du syndicalisme ouvrier à Shanghai dans les années vingt. Hunanais et normalien à Changsha comme Mao, Cai Hesen ou Liu Shaoqi, il se tiendra toujours à l'écart de Mao — personnellement et politiquement —, ce que les Gardes rouges ne lui pardonneront pas. Ils l'exécuteront en 1967, au plus fort de la Révolution culturelle.
Ph © Edimédia

que. L'historiographie officielle a fait silence sur ce silence, tout comme sur le parcours sinueux qui y conduit. Elle a pu néanmoins se raccrocher à un fait décisif : dans la deuxième moitié de 1925, Mao fait de l'"agit-prop" dans les villages voisins de Shaoshan...

La voie paysanne

Loin de céder à une illumination aussi originale que soudaine, il se rallie à un mouvement dont les pionniers lui ont fait la grâce de disparaître très tôt. Après les dirigeants du Komintern, ceux du PC — on vient de le voir — ont mis l'accent sur la nature agraire du pays et de son histoire. Ce qui ne suffit pas à faire de la paysannerie une force dans la révolution chinoise : c'est la victoire de la bourgeoisie (pour les profront) ou du prolétariat (pour les antifront) qui résoudra la "question paysanne". Peng Pai reste un exemple isolé jusqu'en 1924, date à laquelle la paysannerie commence à être reconnue comme une force. A Moscou, Boukharine fonde une vision originale de la révolution sur un affrontement planétaire entre la bourgeoisie et le prolétariat dont l'enjeu est la mobilisation de la force paysanne, à ses yeux celle du nombre, concentrée à la périphérie de l'Occident industrialisé parmi les peuples de l'Asie colonisée : la

"voie prolétarienne" passe... par la maîtrise du "village mondial", qu'il convient d'organiser dans sa masse, masse qui, chez Boukharine comme plus tard chez Mao, tend à l'emporter sur les divisions de classes repérables en son sein. Les boukhariniens des années vingt mettent ainsi l'accent sur l'importance des paysans petits propriétaires (les paysans moyens) et des déclassés comme source révolutionnaire qu'il faut capter. Bravant le tabou jeté par Lénine sur toute forme d'action communiste dans les campagnes, ils réfléchissent aussi sur les moyens concrets d'une mobilisation des villages : la question paysanne devient stratégie rurale.

En Chine, Peng Pai, homme d'action avant tout, est relayé par Yun Dai-ying (1895-fusillé en 1931) dans la formulation théorique de l'intervention rurale. Ancien activiste passé de l'agitation-éducation en milieu rural au communisme urbain (en même temps qu'il passait du Sichuan au Hubei puis à Shanghai), Yun exhorte les lecteurs de l'hebdomadaire des *Jeunesses communistes* (qu'il dirige) à retourner dans les campagnes, dont ils sont pour la plupart originaires, afin de s'y former au contact de la paysannerie tout en plantant les graines de la révolution (1924-25). Parler le langage de Marx dans les villages ne peut, souligne-t-il, qu'effrayer ou laisser indifférent ; il faut gagner la confiance des paysans, s'intéresser à leurs problèmes quotidiens, offrir des solutions à leurs difficultés : en somme, concurrencer les cadres traditionnels afin de préparer le terrain de la politisation. Sous une forme encore modérée et pédagogique s'esquisse la leçon dont Mao amplifiera l'écho : la lutte des classes passe par la conquête de l'hégémonie dans chaque village.

La conversion rurale de Mao ne contredit pas ses positions politiques : le Guomindang n'est-il pas le bras séculier du PC dans les campagnes ? Un Département paysan y a été constitué en 1924, en même temps qu'un Institut de formation des cadres du mouvement paysan, confié à Peng Pai. Malgré sa reconnaissance officielle, le cercle des activistes de la stratégie paysanne demeure étroit — huit cents cadres sortiront de l'Institut quand Whampoa formera plus de huit mille officiers ! C'est lui que Mao rejoint lorsque, chassé du Hunan à la fin de 1925, il rentre à Canton. De mai à octobre 1926,

L'exception qui confirme la règle : Peng Pai (1896-fusillé en 1929), communiste du Guangdong, originaire de la sous-préfecture de Haifeng (à l'est de Canton), y organise une association paysanne en 1922. Il est l'un des seuls exemples connus de conversion au communisme à l'époque du 4 mai, qui ait tenté d'appliquer directement aux campagnes le nouveau modèle d'action politique sans passer par l'agitation ouvrière.
Ph © Archives CDCC

il y dirige la 6e promotion de l'Institut. Ses cours et ses écrits s'attardent sur les déclassés de la société rurale (soldats, bandits, vagabonds, mendiants, prostituées) et sur les sociétés secrètes. Approche "romantique" d'un homme de terroir — et d'un lecteur de romans — plus qu'analyse marxiste, a-t-on dit. La logique qui l'inspire est pourtant celle du boukharinisme, telle que la reflètent les matériaux de l'Internationale paysanne traduits en chinois pour l'Institut. Mao en préface d'ailleurs un recueil avec la bénédiction de Qu Qiubai, principal porte-parole du boukharinisme en Chine. Même si la version qu'il en donne, à la mode rustique et chinoise qui restera toujours la sienne, est infiniment moins déliée que celle de Qu, les deux hommes vont affronter l'éclatement du Front uni à partir du même point de vue.

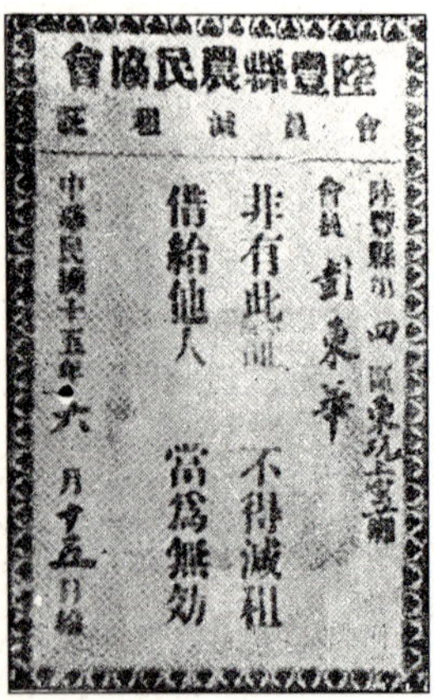
陸豐縣農民協會
非有此證不得減租
借給他人當為無效

D*ocument de l'association paysanne de Lufeng, près de Haifeng, berceau du communisme rural grâce à l'action de Peng Pai (5 octobre 1926).*
Ph © Archives CDCC

L'éclatement du Front uni

Facilitée par le ralliement de nombreux militaristes méridionaux, l'Expédition du Nord de Chiang Kai-shek conquiert le sud du Yangzi à l'automne 1926, Nankin et Shanghai au printemps 1927. Dans les provinces du centre — Hunan, Hubei —, le changement de pouvoir soulève les paysans. Les associations paysannes se multiplient, les terres sont confisquées. Mais ces succès rapides provoquent une crise politique foudroyante. En se déchaînant, les deux forces — armées et paysans — qui domineront la révolution chinoise jusqu'en 1949 brisent le Front : elles s'opposent l'une à l'autre sans que le PC, qui se trouve pris entre les deux mais n'en maîtrise aucune, puisse remédier à leur dissociation ni convertir en capital politique auprès des généraux l'abandon *de facto* de l'alliance paysanne qui sera sa stratégie jusqu'en juin 1927. La crise souligne en négatif la réussite de la fusion maoïste du rural et du militaire vingt ans plus tard.

A Trotski et aux communistes chinois qui dénoncent le cancer militariste du Front, Staline et Boukharine opposent leur analyse de 1923-24. La force militaire continue de primer une dynamique sociale qui reste enclavée en dépit des apparences. Une victoire globale du Guomindang valant mieux que des succès limités (ce que seraient inévitablement les soviets réclamés par Trotski), la décision est prise de maintenir le Front et de

L'ÉVENTAIL DES CLASSES

La légende a voulu faire de Mao, auteur en 1926 de plusieurs "analyses de classes", l'initiateur en Chine d'un genre auquel Lénine, après Marx, a donné ses lettres de noblesse. C'était oublier Chen Duxiu et Qu Qiubai. Repensant la révolution chinoise en fonction du pacte avec le "diable" Guomindang, ils ont dessiné dès 1923 le profil historico-économique des classes, en insistant sur le potentiel d'alliances que recèle la situation particulière de la Chine. Ainsi, les partisans du Front retrouvaient-ils, dans le langage de l'orthodoxie, l'un des aspects les moins orthodoxes du communisme de la conversion : la classification du peuple chinois le divise au plan socio-économique, mais le rassemble au plan politique. Avec la "Nouvelle Démocratie" qu'il théorisera dans les années quarante, Mao fera ample usage du stratagème des fronts de classe, dont le boukharinisme ambiant des années vingt lui aura appris à ouvrir très largement l'éventail, comme le prouve son "Analyse de toutes les classes au sein de la paysannerie chinoise et de leur attitude à l'égard de la révolution" (janvier 1926) :

"Allez dans les villages, allez n'importe où. Il suffira que vous regardiez attentivement, et vous verrez qu'il y a huit catégories différentes de gens : les grands propriétaires fonciers ; les petits propriétaires fonciers ; les paysans propriétaires ; les paysans semi-propriétaires ; les métayers ; les paysans pauvres ; les ouvriers agricoles et les artisans ruraux ; les éléments déclassés. Ces huit catégories de gens constituent huit classes séparées, ayant toutes une position économique et des conditions de vie différentes, ce qui influe sur leur psychologie, de sorte que leur attitude à l'égard de la révolution n'est pas la même non plus. [...] Les paysans propriétaires appartiennent à la petite bourgeoisie. Parmi eux, il y a également trois catégories. [...] En temps de paix, les attitudes des trois catégories de paysans propriétaires [...] à l'égard de la révolution chinoise sont toutes différentes. Mais dès qu'intervient une période [...] d'essor révolutionnaire [...], non seulement la troisième catégorie de paysans propriétaires, ayant des tendances de gauche, participe immédiatement à la révolution, mais la seconde catégorie, qui adopte une position de neutralité, peut également participer à la révolution. Même la première catégorie des paysans propriétaires de droite [...] ne peut que se joindre à la révolution... [...]

[Après avoir longuement évoqué le cas des fermiers, Mao aborde celui des "éléments déclassés".]

Parmi eux on peut distinguer des soldats, des bandits, des brigands, des mendiants et des prostituées. [...] Ces gens peuvent se battre très courageusement ; conduits d'une manière juste, ils peuvent devenir une force révolutionnaire. [...] Il ne faut en aucun cas les obliger à aller du côté de l'ennemi, pour servir de force contre-révolutionnaire. Quant à la classe des propriétaires fonciers, on utilise en principe à son égard la méthode de la lutte, en les invitant à faire des concessions sur le plan économique et politique. Dans des conditions particulières, lorsque [...] on rencontre des *[éléments]* particulièrement contre-révolutionnaires et méchants qui exploitent le peuple, il faut les renverser tout à fait."

(Extrait de Stuart Schram, *Mao Tse-toung*, Armand Colin, Paris, 1963.)

En dehors du caractère concret et rassembleur du premier regard analytique qu'il porte sur la paysannerie, une autre constante s'affirme d'emblée chez Mao : celle de l'agitateur soucieux avant tout d'efficacité politique. De là ces critères politiques exprimés en termes moraux qui concurrencent la classification économique et permettent de prendre en compte, de façon nuancée, déclassés et petits propriétaires. Ces deux catégories représentent le double pivot des rapports de force au village, dont Mao réaffirmera l'importance cruciale dans les années trente contre le dogmatisme "classe contre classe" des dirigeants du parti. ■

Vieux rêve de Sun Yat-sen, l'Expédition du Nord contre les Seigneurs de la guerre s'enlise politiquement en 1927, après ses victoires militaires de 1926. Chiang Kai-shek l'achève en juin 1928 avec la prise de Pékin. Mais, s'il a temporairement mis les communistes hors jeu, il est encombré de rivaux et d'alliés qui fragilisent la victoire remportée sur les Seigneurs de la guerre.

subordonner les mouvements populaires à cet objectif. Le VIIe plenum du Komintern (novembre 1926) reconduit l'alliance avec un Chiang Kai-shek critiqué pour sa politique antipaysanne tout en recommandant au Guomindang d'appliquer son programme agraire modéré. Sur le terrain, peu docile au "scénario en chambre" du Kremlin, les acteurs se dérobent les uns après les autres. A l'exception des communistes et des milices ouvrières de Shanghai, auxquels une grève générale a livré la ville le 22 mars 1927. Sur ordre de Moscou, le pouvoir est remis à Chiang Kai-shek et, sur ordre encore, les milices se laissent désarmer. Dans la nuit du 12 avril, la métropole est "nettoyée" par les hommes de main que Chiang et ses alliés du "milieu" mettent en première ligne. Les territoires contrôlés par le Généralissime sont "normalisés", un gouvernement anticommuniste s'installe à Nankin.

LES SEIGNEURS DE LA GUERRE ET L'EXPÉDITION DU NORD

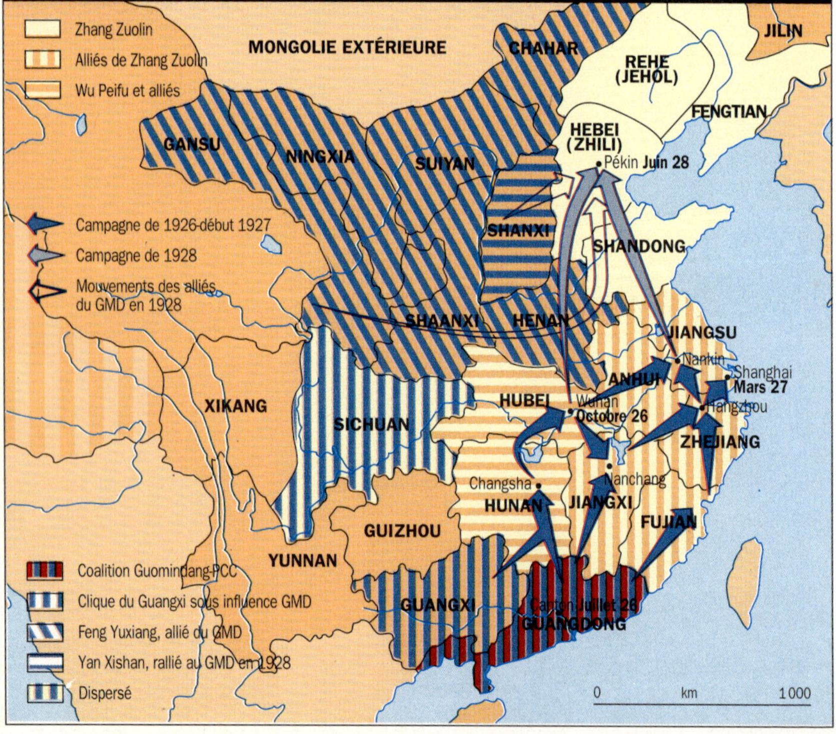

Après les échecs d'octobre 1926 et février 1927, la victoire des communistes le 22 mars sur le Seigneur de la guerre de Shanghai est bien fragile face aux pouvoirs réels : marchands, industriels, notables, étrangers, sociétés secrètes, trafiquants d'armes — milieux avec lesquels Chiang Kai-shek va s'allier pour les écraser, le 12 avril. La version très romancée que Malraux a donnée de l'événement dans La Condition humaine *reconstitue assez bien cet arrière-plan délétère.*
Ph © Edimédia

Moscou s'est illusionné sur sa capacité à "presser le citron" (dixit Staline) au moyen de concessions sociales et de pressions politico-militaires. Celles-ci ont été l'œuvre de Borodine. Pressé de prendre sa revanche du 20 mars 1926 — date de la prise en main du Guomindang par Chiang Kai-shek —, il remet en selle la gauche en organisant à Hankou un gouvernement mixte (Guomindang-PC) soutenu par des militaristes du Hunan et du Hubei opposés à Chiang. En attendant le retour de Wang Jingwei, exilé en France depuis 1926, Tan Yankai dirige ce gouvernement qui prend le relais du Front après le 12 avril. Dans l'ombre de son mentor, Mao entre au directoire de l'Association paysanne de Chine et siège dans les commissions gouvernementales chargées de redéfinir la politique agraire de la coalition anti-Chiang. Il se trouve ainsi au cœur de la contradiction qui va faire éclater le Front de Wuhan à la mi-juillet.

Les tensions du printemps 1927

S'ils ne se soulèvent pas en masse dans toute la Chine, les paysans sont suffisamment actifs au Hunan et au Hubei pour torpiller le compromis agraire voulu par Moscou. Au printemps 1927, celui-ci s'infléchit apparemment en leur faveur. La levée de l'hypothèque Chiang permet à Boukharine de répondre aux critiques des opposants en donnant du Front une vision activiste : le PC doit peser sur le Guomindang en jouant la gauche contre la droite, les civils contre les officiers —

Au début des années vingt, Mao est entré en politique dans l'atmosphère pacifique du 4 mai, renforcée par le consensus national du Front uni. En 1927, les fureurs paysannes lui font découvrir le côté violent de l'action politique : l'apparente déviation paysanne l'amène en réalité à concevoir la lutte des classes dans toute sa rigueur...
Ph © Roger Pic

c'est-à-dire les cliques les unes contre les autres — et en dressant les masses contre les appareils. Cette dialectique compte sur les contradictions politiques de l'adversaire afin de dégager une marge de manœuvre pour les luttes syndicales et paysannes. Le pilotage des mouvements sociaux, toujours aussi nécessaire, interviendra dans une évolution favorable à la gauche. Le problème du choix — alliance avec le Guomindang ou avec les masses — s'en trouve dépassé. Camouflage habile d'une cuisante défaite ? Boukharine n'est pas Staline. Son Front n'est pas vu sous l'unique angle stalinien du pouvoir.

C'est dans cet esprit que Qu Qiubai relaie en Chine le message boukharinien. Critiquant à la fois les concessions pragmatiques de Borodine et la volonté de quitter le Front qui anime la plupart de ses collègues de la direction du PC (Chen Duxiu et Peng Shuzhi indirectement, Zhang Guotao, Li Lisan ouvertement), il se fait l'avocat du pilotage des masses, et en particulier de la révolution paysanne, à l'intérieur d'un Front réactivé. Cette vision — reconnaissance d'une force sociale et utilisation de cette force dans une perspective politique — est aussi celle de Mao. Elle lève la contradiction dans laquelle nombre d'historiens l'ont jugé piégé en raison de la double casquette qu'il porte au printemps 1927. L'Association paysanne de Chine et la politique agraire du gouvernement, même âprement débattue, ne s'efforcent-elles pas de trouver des compromis avec les forces hostiles à la révolution paysanne, révolution que Mao vient de magnifier sans réserve pour sa force et son rôle historique après avoir enquêté dans quelques districts en ébullition au nord de Changsha durant l'hiver 1926-27 ?

Il est vrai que le compte rendu de cette tournée (le célèbre Rapport d'enquête sur le mouvement paysan au Hunan) exalte la puissance paysanne jusqu'à l'exagération : les paysans s'arment, s'organisent, ils luttent, le Hunan est quasiment à eux — ce qui était loin d'être le cas. Mao retrouve le regard volontariste qu'il avait jeté sur les "masses populaires" en 1919, mais le Rapport de 1927 est comme un "1919" revisité par la violence et la question du pouvoir : les acquis politiques des années 1920 se radicalisent en un éclair. Agir à partir de cette force est ce qui passionne Mao, même si le Rapport se soucie peu d'expliciter le cadre de cette action. De pieux éditeurs devront ajouter par la suite la référence à la "direction prolétarienne" qui n'y figure pas. En revanche, Mao interroge : "Qui sont nos amis, qui sont nos ennemis ?", question dans laquelle la plupart des commentateurs ont voulu voir une invite à sortir du Guomindang et une rupture avec l'horizon politique des années 1920. Cette rupture aura bien lieu, mais pas avant la fin de l'année. Contradiction, donc ?

Evident à l'époque aux yeux de Mao et de ceux à qui le Rapport est destiné, le cadre qui nous échappe est pourtant bien présent. Si Mao ne songe pas un instant à quitter ses fonctions officielles, c'est qu'elles sont ce cadre même, introuvable dans le Rapport parce qu'il n'existe pas dans le mouvement paysan. Le compte rendu ne cache pas une réalité dont Mao ne fait pas mystère par ailleurs. La force paysanne, même s'il a d'elle une vision volontariste, nécessite le relais d'un cadre politique pour s'intégrer à une révolution d'ampleur nationale, seule capable de sauver la Chine, objectif que Mao ne perd pas plus de vue que Boukharine. N'admet-il pas hors Rapport qu'il faudrait plusieurs Hunan pour se dispenser de ce cadre ? Choisir son camp n'est donc

“La révolution n'est pas un banquet entre gens bien élevés. […] C'est un soulèvement, un acte de violence par lequel une classe en renverse une autre.”

Rapport sur le Hunan, 1927

pas sortir ou non du Guomindang, c'est choisir quel Guomindang, quel cadre politique on veut : c'est prendre le pouvoir dans le Guomindang… et s'engager dans la bataille de lignes qui divise le PC. Sur le moment, le Rapport n'a été ni anticipation géniale, ni en contradiction avec une vision politique contraire (ou avec des compromissions carriéristes…), mais acte politique dans cette bataille. Qu Qiubai le préface, en impose la publication dans la presse communiste. Et loin de l'ignorer, celle du Komintern en fait un compte rendu intéressé : du grain à moudre au moulin de Boukharine, voilà ce que fut ce fameux Rapport !

Mais la contradiction qui n'existe pas chez Mao fait des ravages sur le terrain. La mobilisation et le contrôle des paysans, le pilotage des militaires et du Guomindang n'ont ni le temps, ni les moyens de réussir. Le 21 mai, la répression s'affiche au grand jour autour de Changsha. Mao conseille prudence et patience. Le Front se survit jusqu'à la mi-juillet, suivi d'une traînée d'insurrections : plus ou moins encouragés par Moscou, les communistes tentent de reconquérir une "base révolutionnaire". De cette flambée, le PC sort brisé, réduit à quelques milliers de survivants, clandestins à Shanghai, guérilleros dans les campagnes.

A la fin de l'année, rebelle aux autorités du PC comme à celles du Guomindang, Mao est l'un de ceux qui renoncent à ces insurrections pour entrer en guérilla. Les tensions du printemps ont atteint le point de rupture. Le PC tel qu'il est n'est pas un cadre plus adéquat que le Guomindang à la mobilisation des masses : voilà ce que lui enseigne l'année terrible.

Il ne rompt pas pour autant avec la nécessité de diriger politiquement la révolution, mais la crise lui apprend à modeler la politique sur l'activisme plutôt que l'activisme dans la politique — celle des autres. En l'incitant à définir la sienne loin de l'horizon urbain et national des années 1920, les ruptures de 1927 vont cependant le rapprocher du pôle le plus extrême de la rébellion, ce qui va le couper et des perspectives politiques de la direction du PC, et de la vision d'empire à laquelle lui-même ne saurait renoncer. Une tension autrement plus difficile à surmonter que celle du printemps 1927 se profile entre ses deux postulations. Elle ne sera résolue que par la chance inespérée de la Longue Marche et de l'invasion japonaise, dans la synthèse voulue, calculée de Yan'an.

Ce qu'il rejette apparaît plus vite à Mao que ce qu'il cherche.

Frappé à Shanghai en avril 1927, le rêve urbain du PC s'effondre en juillet à Wuhan, la capitale du Hubei constituée par les trois villes de Wuchang, Hanyang et Hankou, dont on voit ici les ruines de 1911. En 1938, le destin souffle une nouvelle fois sur Wuhan, lorsque Wang Ming tente, contre Mao, d'y redonner une base urbaine au PC à la faveur de l'invasion japonaise et du deuxième Front uni...

Ph © Edimédia

Chapitre 4

LE REBELLE

1928-1935

EN RUPTURE AVEC LE COMMUNISME DES VILLES APRÈS L'ÉCLATEMENT DU PREMIER FRONT PC-GUOMINDANG (FIN 1927), MAO PERD LE CONTRÔLE DES GUÉRILLAS DU JIANGXI EN 1933. LA LONGUE MARCHE VA RETOURNER LA SITUATION EN SA FAVEUR.

Précédée par l'éphémère prise de Nanchang (1er août 1927), l'Insurrection de la Moisson d'automne a tourné au désastre. Elle fournit à Mao l'occasion de la rupture. Pendant que les officiers procommunistes de Nanchang (parmi lesquels Zhu De) conduisent une retraite qui prend des allures de Longue Marche, Lominadze, nouvel "œil de Moscou", fait porter à Chen Duxiu la responsabilité de la défaite : la stratégie — œuvre de Moscou — était impeccable, c'est l'exécution qui a péché par "opportunisme de droite". Les opposants à la direction du PC sont récompensés, en particulier les boukhariniens ; Qu Qiubai succède à Chen, Mao entre au Bureau politique comme suppléant (7 août).

De nouvelles insurrections sont tentées au Hubei et au Hunan, où le parti concentre l'essentiel de ses forces. L'objectif : s'emparer de Changsha après avoir soulevé les villages à la faveur des tensions qui opposent propriétaires et fermiers lors du règlement des comptes de la récolte d'automne. Commandant l'un des "comités de front" du Hunan, Mao est capturé par la police locale ; des bataillons font défection, les paysans ne bougent pas. L'attaque sur Changsha, prévue pour le 16 septembre, est annulée. Le 19, ayant échappé de justesse au peloton d'exécution, Mao rejoint les rescapés aux confins du Jiangxi. Décision est prise de ne pas retourner sur Changsha mais d'obliquer sur les Monts de la crête des Puits, les Jinggangshan, qui séparent les deux provinces au sud.

Mao en 1933 : rebelle parmi les rebelles, il se retrouve, à quarante ans, privé du pouvoir au sein de la direction communiste. Dès l'année suivante, la situation se retourne en sa faveur...
Ph © Coll. J.A.F./Magnum

Entre-temps, Mao a été exclu du Bureau politique pour aventurisme militaire. Qu prétend ouvrir un front rural et militaire d'envergure sans se couper du front urbain. A ses yeux, Mao et d'autres blâmés ont déserté. Moscou se démarque bientôt du "putschisme" de Qu, sans pour autant renoncer à la vision globale centrée sur la ville qui a été et restera la marque du Kremlin dans la reconnaissance du pan rural de la révolution. Quand Staline juge utile (pour contrer Trotski) de donner le feu vert à la constitution de soviets (septembre), l'objectif reste fixé sur les grandes villes du Sud. Peng Pai a beau prendre les devants en proclamant le premier soviet chinois à Haifeng en novembre (son règne y sera aussi violent que bref), c'est Canton qui est visé en décembre. Qu Qiubai portera la responsabilité du nouvel échec. Le VIe congrès du PCC, réuni à Moscou (été 1928), lui substitue une équipe dominée par Li Lisan.

Point d'orgue sanglant des insurrections armées, la répression de la Commune de Canton (décembre 1927) achève de persuader Mao qu'il est vain d'attaquer l'ennemi dans ses places fortes. Forcer le cours de l'Histoire, la tirer en avant ? Oui. Mais pas de cette façon-là.
Ph © L'Illustration/Sygma

Les prémices du maoïsme

Loin des combats de Shanghai ou de Moscou, la guérilla du *Bord de l'eau* et des *Trois royaumes* se réinvente aux quatre coins du Hunan, du Jiangxi, du Hubei et jusqu'en Chine du Nord : s'enfoncer dans les montagnes et les marécages des périphéries provinciales, épouser les mouvements de l'ennemi ("S'il avance, nous reculons ; s'il recule, nous avançons..."). Des raids

éclair sur des villes secondaires mal défendues et aussitôt évacuées que prises procurent armes et munitions. La sagesse conseille aussi de pactiser avec les potentats locaux qui le veulent bien — Seigneurs de la guerre, bandits, sociétés secrètes — tant les "masses restent froides et distantes" : constat lucide de Mao lorsqu'il cherche ailleurs — dans la faible cohésion de l'Etat Guomindang, en principe parachevé après la prise de Pékin (juin 1928, mais déchiré par des guerres civiles entre vainqueurs) — les raisons qui permettent au "pouvoir rouge" d'"exister" (octobre 1928).

Les bandits et les sociétés secrètes ne manquent pas à la légende des Jinggangshan, tout comme les accusations de militarisme dont le comité provincial du Hunan accable ces improvisateurs de la guérilla qui font alliance avec les "déclassés". Cadre subordonné du PC, Mao livre sur le front interne une guérilla incessante mais reste loyal au parti : en créer un nouveau, ses ruptures n'iront pas jusque-là... avant la Révolution culturelle. Au printemps 1928, il lui faut attaquer le sud du Hunan, où il se joint à des rescapés de Nanchang commandés par Zhu De. En novembre arrive Peng Dehuai, un "pays" de Xiangtang qui a soulevé la garnison de Pingjiang (Hunan) en juillet. Presque aussitôt, tandis que Peng garde les Jinggangshan, Mao et Zhu se fraient un chemin à travers le Jiangxi jusqu'aux montagnes frontalières du Fujian. En avril 1929, Peng y rejoint avec huit cents hommes les deux mille fidèles venus du Hunan.

Les communistes laissent derrière eux une réforme agraire aussi violente que celle de Peng Pai et, comme à Haifeng, imposée d'en haut. Dans la nouvelle base du Jiangxi-Fujian, Mao s'efforce de faire accepter la domination communiste, en politisant la population, les cadres et l'armée. Ainsi apparaissent les premiers jalons de sa "voie".

Enquêtes de terrain et pédagogie populaire sont mises à contribution afin de définir et renverser le rapport des forces au village (voir encadré p. 77). Suivant sa pente de 1926-27, Mao repère les pivots politiques de la société villageoise. Incluant les micropropriétaires parmi les pauvres, n'excluant pas systématiquement les paysans riches (contrairement au dogmatisme "classe contre classe" passé de Moscou à Shanghai), son

Successeur de Chen Duxiu à la tête du PC, Qu Qiubai (1899-1935) aura été le favori de Maring et de Borodine avant de tomber en disgrâce pour "pulschisme". Grand intellectuel du bas Yangzi formé au marxisme à Moscou même, il incarne, mieux que le cercle des normaliens du Hunan dont est issu Mao, l'élite du communisme des années vingt. Réfugié au Jiangxi, il sera capturé après le départ de la Longue Marche et fusillé en 1935.
Ph © Archives CDCC

approche par les masses l'incite à dresser un large front contre une poignée d'"exploiteurs" politiquement ciblés. Encore faut-il que les communistes fassent la preuve qu'ils peuvent défendre les paysans aussi bien que l'élite rurale — car les exploiteurs sont aussi les protecteurs, les intermédiaires avec le monde extérieur au village. Cela leur facilitera l'exercice de l'hégémonie locale, sans les dispenser de mettre en œuvre les moyens classiques de la terreur et du contrôle : d'emblée, Mao sait "marcher sur deux jambes"... Les étapes initiales de la mobilisation — autant de démonstrations de force — dégagent de la "masse" une association de paysans pauvres et des activistes, futures recrues de l'armée et du PC.

LES JINGGANGSHAN

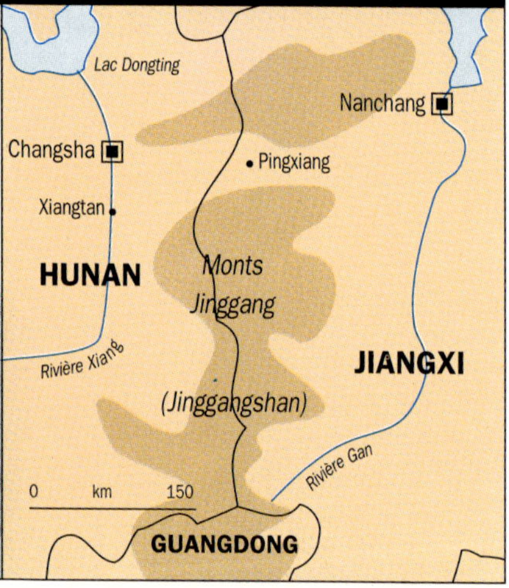

Zhu De et Agnès Smedley au lendemain de la Longue Marche (1936). Plus âgé que Mao, Zhu De est, comme Deng Xiaoping, originaire du Sichuan. Soldat depuis l'enfance, il a été officier de la IVe Armée nationaliste, en souvenir de laquelle l'armée Zhu-Mao, qui guerroie aux Jinggangshan, en 1928 est dite IVe Armée rouge.
Ph © H. Snow/Magnum

Après la redistribution des terres vient celle des femmes. Mais la réforme du mariage et de la famille se heurte à d'opiniâtres résistances, tout comme les assauts contre les "superstitions féodales" — culte des ancêtres, rituels claniques, taoïstes : voici la mobilisation en péril, d'autant que le va-et-vient de la guérilla empêche le pouvoir rouge de se maintenir en place... De cette contradiction en apparence insurmontable (l'argument ne manquera pas de lui être opposé), Mao tire des conclusions... maoïstes. Réforme agraire et mobilisation sont un combat perpétuel ; mieux vaut les approfondir en éduquant les "masses". Sédentariser la révolution irait à l'encontre des lois de la guérilla. Ce serait céder aussi à la tentation d'une stabilisation étatique, risquer de recourir à des méthodes dévitalisantes d'encadrement, perdre le nerf activiste que Mao veut conférer aux pouvoirs révolutionnaires : déjà, le politique l'emporte sur l'institutionnel, fût-il celui de la révolution.

Aussi la mobilisation-rééducation des cadres doit-elle aller de pair avec celle des masses. Contre l'arrogance et l'inertie, Mao dresse pareillement le primat du politi-

LE RAPPORT DES FORCES AU VILLAGE

Démarquant l'interprétation officielle, de nombreux observateurs ont voulu voir dans la révolution maoïste le produit d'une misère accrue : fermiers plus nombreux, loyers plus élevés, dettes plus lourdes. Pourtant, la concentration des terres n'est qu'un aspect d'une situation nuancée. Les domaines — peu étendus — sont divisés en fermes minuscules. Surtout, au bas de l'échelle, la micropropriété s'impose à côté du fermage et lui est très souvent associée. Avoir accès à la terre, en tenure ou en propriété, est ce qui compte aux yeux des paysans, car c'est un gage — précaire — de survie. Les loyers (sur quatre fermiers, deux versent au propriétaire entre le tiers et la moitié de la récolte, un plus de la moitié, le quatrième moins du tiers) et les dettes sont une lourde charge. De nombreux petits propriétaires ou fermiers perdent leur exploitation et grossissent la frange "déclassée" des sans-terre et des errants, sans qu'à l'autre extrémité la concentration foncière s'en trouve accrue : processus de paupérisation plus qu'évolution capitaliste, effet d'une surcharge démographique bien plus que d'une modernisation économique limitée à la périphérie des grandes métropoles. L'élite rurale étend plus largement son emprise sur le crédit, sur le commerce des grains, sur le pouvoir local surtout, en une domination qui mêle exploitation et protection. Dans le vide ouvert par la déliquescence de l'Etat, propriétaires et chefs de village savent s'interposer, négocier, organiser l'autodéfense pour tenir à distance ou amadouer les ennemis des paysans : fisc, bandits, soldatesque... Autant de solidarités qui dissolvent le contour des classes, mais aussi de rapports de domination ambivalents offrant d'utiles prises aux activistes. Dans son "Rapport de Xunwu" (1930), Mao dissèque les ressorts politico-économiques d'une hégémonie qui le fascine bien plus que la rigueur conceptuelle du discours marxiste. ■

STRUCTURE FONCIÈRE DES ANNÉES 1930-1940

	% des foyers	% des terres	superficie moyenne en ha
propriétaires fonciers et paysans riches	environ 10 %	40-50 %	+ de 2
paysans indépendants ("moyens")	environ 30 %	50-60 %	0,7 à 2
micropropriétaires dépendants ("paysans pauvres")	environ 60 %		0,7 et moins

Fusillée en 1930 en représailles des offensives ordonnées par Li Lisan, Yang Kaihui est la première compagne librement choisie par Mao, qui a tenu pour nul le mariage arrangé par ses parents avec une paysanne. Sa fin tragique illustre l'extrême violence de la guerre civile PC-Guomindang. Deux frères de Mao y laisseront leur vie, une sœur aussi ; dans les mêmes circonstances que Yang, Cai Hesen est fusillé en 1931...
Ph © Roger Pic

que en un mouvement d'éducation perpétuel destiné non à réduire leur autorité, mais à parfaire leur "style de travail". L'ambition chinoise et activiste de transformer en le guidant un peuple qui n'est guère porté à agir de lui-même (le peuple, sous cet angle, inclut les cadres) corrige en le complétant le militantisme organisé entrevu dans le climat boukharinien de 1926-27. Activation d'un pouvoir éducateur bien plus que remise en cause de la nature tutélaire du pouvoir, ce complément, préfiguration de la ligne de masse et de la rectification yan'anaises, ne fait pas du guérillero un superdémocrate opposé aux "dogmatiques" de Shanghai. Ce n'est pas la démocratie dans le communisme qui singularise le maoïsme, même à l'état naissant, mais l'ancrage dans la réalité d'une formule de pouvoir dessinée sur mesure. "Pas d'enquête, pas de droit à la parole", dit sobrement "Contre le culte du livre" (mai 1930). Ce n'est pas chez Mao qu'il faut chercher invention ou brio dans l'usage des concepts marxistes, apanage à Shanghai ou Moscou de ces révolutionnaires en chambre qu'il méprise. En revanche, la voix banale qui se fait entendre au Jiangxi semble plus proche de la Chine. Elle ne manque pas non plus d'un certain bon sens, même si l'humble amour qu'elle professe des recettes pratiques est au service d'une inflexible volonté.

La "grenouille au fond du puits"

Cette différence éclate dans les années 1930-32 en opposant Mao à la direction du PC, ainsi qu'à d'autres chefs de la guérilla qui ne partagent pas tous ses points de vue. Dans un premier temps, la chance lui sourit. Jusqu'en 1930, Chiang Kai-shek est trop occupé à mater ses rivaux pour accorder grande attention aux bases rouges — elles s'élargissent et se consolident en venant à bout des forces locales qui leur sont opposées. Au début de 1930, il semble si affaibli que l'espoir d'une renaissance révolutionnaire fleurit de Moscou au Jiangxi, mais surtout à Shanghai : Li Lisan met le parti et ses armées en bataille afin de conquérir les grandes villes de Chine centrale. Tandis que les forces massées au nord du Yangzi échouent à prendre Wuhan, Peng Dehuai occupe Changsha pendant dix jours fin juillet, Zhu et Mao (un Mao hostile à l'offensive mais qui a dû suivre...) déclenchent un assaut de 24 heures sur Nanchang le 1er août. Li ordonne une nouvelle offensive contre Changsha. Zhu et Mao reçoivent l'ordre d'y joindre leur armée à celle de Peng. Le 13, ils lâchent prise et regagnent le Jiangxi.

Le fiasco de la "ligne Li Lisan" a des suites plus graves à Shanghai. Venu trancher sur place, Pavel Mif, le conseiller de Staline pour les affaires chinoises, confie la direction à Zhou Enlai et, surtout, à ses jeunes protégés de l'Université Sun Yat-sen. Wang Ming est le chef de file de ces 28 bolcheviks, avec Zhang Wentian et Qin Bangxian. Mais les luttes factionnelles et les trahisons qui vont de pair avec la stalinisation rendent la clandestinité intenable. Laissant à Shanghai un bureau des "zones blanches" confié à Liu Shaoqi, Wang Ming repart pour

Après la Mandchourie (1931), Shanghai (janvier 1932) : l'agression japonaise va modifier la donne stratégique et politique au Jiangxi. Dans un premier temps, elle dessert Mao, partisan de la guérilla, et conforte la stratégie de guerre offensive prônée par ses adversaires, qui croient pouvoir affronter un Chiang Kai-shek affaibli sur ses arrières...

Ph © L'Illustration/Sygma

LES SOVIETS DU JIANGXI

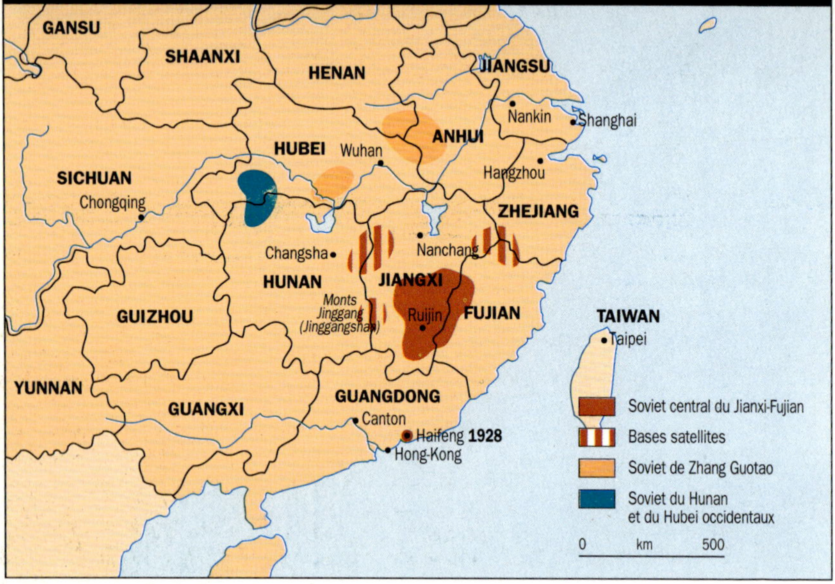

A côté de la base du Jiangxi-Fujian et de ses satellites (dont les Jinggangshan), celle que Zhang Guotao dirige au nord du Yangzi représente le plus important foyer de guérilla communiste et, de par sa proximité avec Wuhan et Nankin, le plus menaçant pour Chiang Kai-shek, qui l'éliminera en priorité.

Moscou. Les autres dirigeants se réfugient dans le soviet du Jiangxi-Fujian, où Mao a consolidé son pouvoir.

Mettant à profit les combats fratricides de Shanghai, Mao a noyé dans le sang une rébellion de cadres et d'officiers hostiles à sa ligne, en les faisant passer pour lilisaniens (décembre 1930) : la force obtient, dans l'appareil comme dans la population, l'unité que n'assure pas la politique. Répression et services de sécurité occultes ne sont pas propres à la clandestinité de Shanghai. Plusieurs des maîtres policiers du régime, tel le sinistre Kang Sheng — un autre retour de Moscou —, se font les dents au Jiangxi. Simultanément, Mao a enrayé deux offensives que Chiang, la paix faite avec ses rivaux, lance en réponse à celles de Li Lisan. Mais pour la troisième (1931), le Généralissime s'adapte à la guérilla, aligne ses meilleures divisions : le sort des armes est incertain lorsque l'armée japonaise occupe la Mandchourie (septembre). Mao sait exploiter son avantage. Le congrès des soviets chinois que Li Lisan avait voulu réunir à Wuhan est convoqué à Ruijin, capitale du Jiangxi-Fujian. Le 7 novembre 1931 est fondée une République soviétique chinoise dont Mao préside le Comité exécutif central ainsi que le Conseil des commissaires du peuple, pouvoir réel face aux lambeaux shanghaiens ou moscovites. Malgré la présence d'un représentant du Comité central et de Zhang Guotao, dirigeant de la plus importante des bases en dehors de celles du Jiangxi, Mao semble en passe de conquérir le parti.

L'inverse se produit. En 1932, il est dépossédé de "sa" base et de "sa" révolution par les "réfugiés" de Shanghai, Zhou Enlai le remplace comme commissaire politique de l'armée en 1933, Zhang Wentian à la tête de la République soviétique en 1934. En se jetant sur Shanghai après la Mandchourie (janvier 1932), le Japon incite les communistes à élargir le théâtre des opérations. Une nouvelle offensive sur Wuhan, une percée de Lin Biao en direction du Fujian conduisent Chiang à changer de front : le printemps venu, il signe un accord avec le Japon et attaque au nord du Yangzi la base de Zhang Guotao, menace directe sur Wuhan et Nankin. Après en avoir chassé Zhang, qui entreprend une "longue marche" en direction du Sichuan, trois ans avant celle de Mao, Chiang lance contre Ruijin une quatrième campagne. Mao veut y répliquer par la guérilla ; les dirigeants du Comité central, derrière Zhou Enlai, y voient l'occasion d'élargir la stratégie offensive menée depuis le début de l'année. Sous la querelle se profilent deux conceptions et surtout deux réalités de la révolution rurale et de l'armée.

Zhou Enlai, l'aristocrate du PC, né en 1898 dans le bas Yangzi, mort en 1976, comme Mao et Zhu De, n'a pas plus que Zhu la vocation du brillant second que lui ont faite la légende et les rapports de force issus de la Longue Marche (époque de ce portrait). En 1933, il devient le numéro un du PC, Wang Ming étant à Moscou, tandis que Mao est rejeté dans une opposition impuissante.
Ph © Roger Pic

Celle de Mao est sortie exsangue des combats de 1931 : l'attachement porté à la qualité du recrutement empêche un renouvellement rapide des effectifs. Voulant moins de militants mais plus de soldats, ses adversaires ne voient dans cette politique qu'un localisme de Hunanais. Ils préconisent une conscription généralisée et, en attendant, tirent profit du ralliement d'unités ennemies afin de noyer les maoïstes sous le nombre. Quant à la guérilla, les meilleurs généraux, derrière Peng Dehuai, l'estiment dépassée par la consolidation des soviets. Ils veulent faire à Chiang une guerre de professionnels en lançant des offensives qui lui interdiront le périmètre communiste.

"Les bases sont comme les fesses, sans elles l'armée ne peut se reposer et doit courir jusqu'à l'épuisement" : ce que Mao appelait — contre Li Lisan — consolider les bases et l'armée consistait certes à tenir un territoire, mais sans en faire une priorité ni une finalité. Sous la faute stratégique, il repère la réapparition d'un cadre politique aliénant, une étatisation extérieure à la révolution activiste. De fait, le mouvement de vérification de la réforme rurale, dont il voulait faire un mécanisme de mobilisation permanente, devient une annexe de la conscription. Comme la Prusse de Frédéric II, le Jiangxi n'est pas un Etat qui a une armée (200 000 hommes environ, celle de Mao n'ayant jamais dépassé les 50 000), mais une armée qui a un Etat... et qui sait utiliser contre Mao des armes — intimidation policière, escamotage institutionnel, rectification politique — dont il a pu lui-même tester l'efficacité et qu'il ne se privera pas d'employer par la suite. Le comité du parti au Fujian, dont les responsables maoïstes (parmi lesquels un certain Deng Xiaoping, revenu de France via l'Université Sun Yat-sen de Moscou) ont laissé pénétrer l'ennemi alors que partout ailleurs la quatrième campagne a été repoussée "au-delà des portes", sert d'exemple négatif à une vaste épuration du parti et de l'armée destinée à saper le prestige de Mao.

Face aux forces que Chiang Kai-shek aligne pour sa quatrième campagne d'encerclement (1932), les communistes disposent désormais d'arsenaux, d'une armée plus nombreuse et mieux équipée. Connaissant aussi les plans de l'ennemi, ils sont pris par l'illusion de la puissance et optent pour une guerre conventionnelle.
Ph © Roger-Viollet

Du moins à la base : à l'exception notable de Lin Biao, la hiérarchie ne l'entend plus. S'il est un rebelle constructeur, soucieux d'édifier un nouvel ordre, il illustre aussi les ambiguïtés de la rébellion face à l'Empire en persistant dans son pôle le plus entier, celui qui nie la dimension impériale. Il fait figure d'archaïque, de "grenouille au fond du puits" (dixit Peng Dehuai) dont l'idéologie "paysanne petite-bourgeoise et passéiste" est brocardée. L'heure semble venue non certes de passer un compromis avec l'empire de Chiang, mais de fonder un empire communiste. Zhou Enlai s'impose à la tête du mouvement communiste parce qu'il gère l'inévitable transformation du communisme rural itinérant au sortir de la phase héroïque : le passage à l'Etat. Victoire aussi éphémère cependant que la mutation qui la porte : en y mettant fin, la cinquième attaque de Chiang redonne toutes ses chances à Mao.

Ouverte fin 1933, la cinquième campagne d'encerclement oppose les conseillers allemands de Chiang — ici, sur la photo — au chef allemand de la mission du Komintern, Otto Braun, alias Hua Fu (1901-1974), l'ultime proconsul du Kremlin après Maring, Borodine, Lominadze et Pavel Mif.

Ph © Roger-Viollet

L'errance

Comme en un parcours initiatique, elle précède la renaissance. A la fin de 1933, les empiètements japonais au sud de la Grande Muraille, une rébellion des généraux nationalistes du Fujian contre les priorités inchangées de Chiang retardent les opérations. Mao compromet-il l'accord avec les rebelles que souhaite la direction du PC en posant des exigences draconiennes alors qu'il n'a pas le pouvoir de négocier ? A l'été 1934, il est éloigné de Ruijin, mis en résidence surveillée, peut-être menacé d'exclusion. En mai, il a aussi ordonné à des commandants locaux — vétérans du Hunan — d'appliquer la tactique de la guérilla : Braun réprime sévèrement cette nouvelle insubordination. Mais son autorité fond à mesure que l'étau se resserre. Mao continue de s'y opposer, par Lin Biao interposé en juillet, puis ouvertement quand la défaite paraît inévitable : l'immobilité est une folie, la guérilla elle-même ne peut plus rien ; il faut quitter la base du Jiangxi pour sauver l'armée.

La Longue Marche et la conférence de Zunyi ouvrent la dernière phase de son ascension. En ralliant Zhou En-

Aucun photographe n'étant présent pour immortaliser la Longue Marche, la plupart des documents la concernant proviennent — c'est le cas ici — de films reconstituant après coup l'épisode héroïque.
Ph © Roger Pic

lai, Liu Shaoqi (revenu au Jiangxi en 1932), Chen Yun (autre représentant du communisme des villes) et les généraux, elles donnent le pouvoir militaire à Mao, ce qui revient à le placer au centre politique du mouvement communiste. Mais cette situation n'était pas irréversible: Zhang Guotao la conteste d'emblée, avec sans doute l'accord au moins tacite de certains chefs militaires, impressionnés par le nombre et la bonne tenue d'une armée qui avait derrière elle sa propre Longue Marche... Seule une nouvelle défaite providentielle de l'adversaire a conforté la prééminence de Mao, qui sera pourtant remise en cause par Wang Ming en 1938. Il est vrai que Zunyi n'élimine pas tous les adversaires — en particulier ces "internationalistes", dont l'un des chefs de file, Zhang Wentian, accède au secrétariat du parti en remplacement de Qin Bangxian (principale cible des attaques avec Braun). Zunyi est l'un des mythes d'origine du maoïsme, une reconstruction des dix années qui suivent et qui marquent, elles, l'ascension définitive de Mao à la tête d'un communisme national: un communisme dont les "internationalistes" seront écartés par la coali-

LA LONGUE MARCHE ET SES LÉGENDES

Les communistes ne "marchent" pas au hasard : ils se portent aux avant-postes de la résistance antijaponaise dans le nord-ouest, où existe une petite base. Ils sont près de 100 000 à tromper la surveillance de Chiang en s'échappant vers le sud-ouest après des diversions au nord-est. Evitant les colonnes compactes, progressant par marches forcées et contremarches dès qu'ils ont franchi le blocus, les fuyards perdent beaucoup d'hommes (surtout des malades et des déserteurs), mais gagnent le Guizhou. Une halte à Zunyi (janvier 1935) permet à Mao de tirer les conséquences politiques de la défaite. La géographie interpose ensuite de formidables obstacles aux confins du Tibet: cols enneigés, fleuves impétueux qu'il faut franchir sur de frêles ponts de chaînes. Celui de Luding sur la rivière Dadu, pris d'assaut au printemps 1935, permet de rejoindre l'armée de Zhang Guotao plus à l'est. Contrairement aux espoirs de Chiang Kai-shek, les communistes se faufilent là où Shi Dakai avait été vaincu. Comme Hannibal ou Napoléon passant les Alpes, tout confère à l'épisode des proportions surhumaines que Mao poète, puis la propagande ont magnifiées... Il faut aussi négocier avec les tribus des confins tibétains, combattre les troupes musulmanes gardiennes des grands marécages du Gansu qui barrent la route du nord... et écrasent l'armée qu'y conduit Zhang Guotao, après la scission qu'entraîne sa rivalité avec Mao dont il conteste la prééminence, reconnue en son absence à Zunyi. Zhang aurait "kidnappé" Zhu De et d'autres chefs prestigieux, mais il semble bien que le pouvoir ait vacillé. Des Longues Marches, des chefs qui se déchirent dans l'épreuve: il a fallu la défaite de Zhang et d'autres hasards heureux à Mao pour faire tout oublier au profit du mythe... ■

LA LONGUE MARCHE

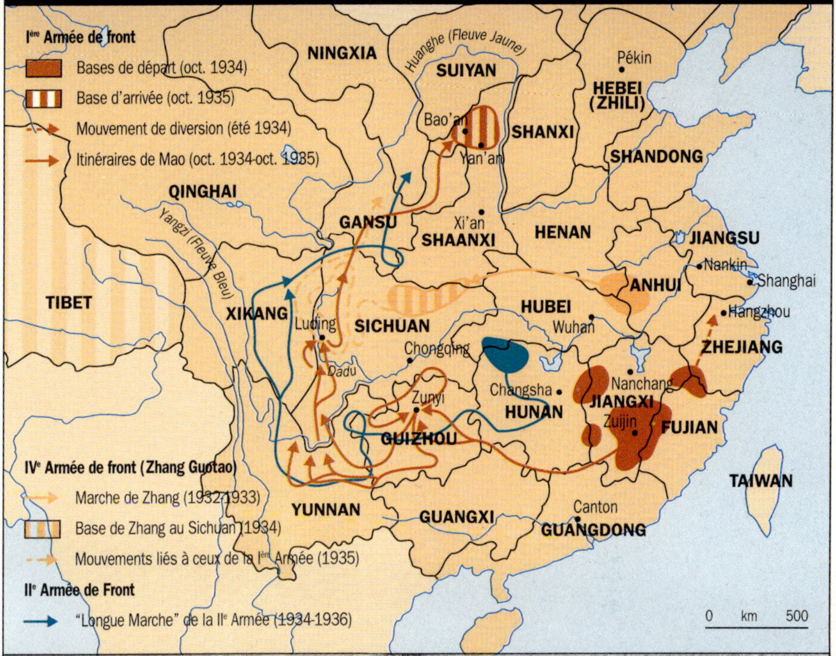

tion Mao-Liu Shaoqi-Zhou Enlai-armée qui va dominer le parti jusqu'aux ruptures de la Révolution culturelle.

Chiang Kai-shek a privé les communistes de leurs “fesses”, il les a contraints à courir jusqu'à l'épuisement, mais la tête du mouvement est sauve. Mao et dix mille survivants s'installent en octobre 1935 à Bao'an, centre d'une base tenue par Gao Gang au nord du Shaanxi, où les journalistes américains (Snow, Nym Wales, Agnès Smedley) découvrent un communisme de troglodytes — les falaises du plateau de lœss se prêtent à l'aménagement de grottes — oublié au plus profond de la Chine “jaune”. Pourtant, la résistance à l'invasion japonaise leur permet bientôt de rompre l'isolement : Mao tient enfin le cadre politique national qui manquait à sa construction du Jiangxi. La perspective du passage au pouvoir dans l'Empire s'ouvre à lui... et la Longue Marche s'en trouve une nouvelle fois justifiée, quoiqu'elle n'ait été, sur le moment, que la dernière extrémité d'une ré-

bellion obstinée. Comment s'étonner que Mao y ait trouvé le meilleur de son inspiration poétique et la confirmation cosmique de sa politique : le poète, chez lui, maîtrise le monde, comme le politique conquiert le pouvoir et s'approprie l'histoire de la Chine — par la volonté, dans la lutte.

Or maintenant je te le dis, Kunlun :
Assez de tes grands airs, assez de toutes ces neiges !
Que ne puis-je, appuyé au ciel, tirer l'épée précieuse
Pour te découper en trois lots !
J'en laisserais un à l'Europe,
J'en donnerais un à l'Amérique,
Et aux Pays de l'Est j'en rendrais un.
Alors, la Grande Paix s'instaurant dans le monde,
Le globe terrestre mettrait en commun et tes frimas
[et tes ardeurs.
(*Kunlun*, octobre 1935 ; trad. Paul Demiéville)

***A**près l'arrivée de la Longue Marche au nord du Shaanxi, les communistes ont campé à Bao'an. Yan'an est occupée à la fin de 1936, un an plus tard. La légende a popularisé les grottes du plateau de lœss que les dirigeants communistes vont habiter jusqu'à l'évacuation du printemps 1947. Mais avec son damier ordonné de centre administratif, le berceau du maoïsme résume aussi la vision d'empire qui prend forme à la faveur de l'invasion japonaise...*
Ph © Roger Pic

Chapitre 5

L'EMPIRE ASSUMÉ

1936-1954

ETABLI À YAN'AN AU LENDEMAIN DE LA LONGUE MARCHE, MAO ORGANISE LA POPULATION SELON SES CONVICTIONS ACTIVISTES ET FORGE LE PARTI-ÉTAT QUI VA LUI PERMETTRE DE PARTIR À LA CONQUÊTE MILITAIRE ET POLITIQUE DE LA CHINE.

Comment Mao a-t-il dompté le rebelle qui est en lui ? En le satisfaisant plus qu'en le contraignant. En assumant, après avoir écarté ses derniers rivaux, un pouvoir qu'il estime acceptable : l'Etat en grand, la guerre en grand, mais la guérilla et l'activisme de masse aussi. L'heure de la maturité et du succès est celle du compromis entre le rebelle et l'empereur qui fonde pour deux décennies (1936-1954) le passage au pouvoir, de la reconstruction du parti à Yan'an aux premières querelles sur les destinées de la Chine socialiste. Dans l'intervalle, l'Empire assumé politiquement dans les bases de la résistance antijaponaise aura été étendu à l'ensemble du continent chinois, la conquête de la société (achevée en 1954) couronnant celle du territoire (1949) : triomphe des formules mises au point à Yan'an, accélération aussi de l'histoire par la guerre, jusques et y compris en Corée (1950-53). Comme en 1895 avec le nationalisme, une agression japonaise donne le coup d'envoi au maoïsme. Encore fallait-il transformer en succès la chance qui était tendue : rien n'était acquis d'avance. Chef politique et militaire suprême, Mao ne s'est pas privé de trancher au jour le jour. Pendant vingt ans, l'efficacité globale de ses choix a fortifié son leadership, même s'il n'a pas eu l'infaillibilité que ses pairs ont voulu lui prêter en lançant le culte du chef. La formidable partie dont il est sorti victorieux s'organise en 1936-1938 autour d'un événement — la crise de Xi'an — et d'un nouveau rival : Wang Ming.

Soldats de l'Armée rouge (rebaptisée VIIIe Armée de route) à Yan'an : comme elle avait été la meilleure alliée de Lénine en 1917, la guerre — contre le Japon, contre le Guomindang, puis contre les Américains en Corée — sera celle de Mao dans le passage de la rébellion à la conquête du pouvoir, dans le parti (1945), le pays (1949) et la société (1954).
Ph © Roger Pic

La résistance, creuset du maoïsme

Par son triomphe sur Wang Ming (voir encadré p. 91), Mao impose une stratégie qui ne passe ni par la ville, ni par Moscou : les faits vont lui donner raison. En brisant les mouvements politiques de la Chine "bleue" et en séparant sur le terrain les deux protagonistes du Front, l'occupation japonaise impose par défaut la version maoïste de l'alliance — abandon de la ville, guérilla rurale. En prônant l'indépendance dans le communisme, Mao rallie les courants nationaux du parti qui l'avaient soutenu contre le proconsul Braun, à Zunyi. Enclin à privilégier la ville, Liu Shaoqi, par souci de conforter l'autonomie du PC, est son plus ferme soutien contre Wang Ming. Il mènera ensuite, de concert avec Mao, la "maoïsation" du parti contre l'héritage "internationaliste" sans expliciter les différences : le communisme soviétique reste une référence identitaire en même temps qu'une source d'inspiration idéologico-institutionnelle. Le conflit avec Moscou ? Vingt ans après...

Les troupes japonaises prennent possession de la Cité Interdite, dans Pékin occupé dès juillet 1937. La guerre neutralise la croisade anticommuniste de Chiang Kai-shek ; en même temps, elle anéantit les efforts de modernisation entrepris par le gouvernement de Nankin et facilite la stratégie d'encerclement des villes par les campagnes.
Ph © Coll. Viollet

Pendant que la guerre paralyse Chiang, le nationalisme favorise la métamorphose du pouvoir rouge en Etat. La doctrine maoïste n'a voulu voir que le côté "révolutionnaire" de cette transformation : le soutien massif d'une paysannerie misérable, acquise par avance au message libérateur des communistes. Mais la mobilisation paysanne, sans aucun doute clef de leur ascension, est solidaire du cadre politique. Comment expliquer la réussite à Yan'an du passage à l'Etat qui a échoué au Jiangxi ? Par la stratégie d'union que Mao théorise en 1940 dans la "Nouvelle Démocratie" ? Une dialectique classificatrice dont les artifices reprennent sans origina-

XI'AN ET LE DÉFI DE WANG MING

Décembre 1936 : la capture à Xi'an de Chiang Kai-shek par des commandants du blocus de la zone communiste hostiles à sa politique ouvre les grandes manœuvres du deuxième Front uni (1937-45). Le Généralissime doit accepter l'union nationale, Mao doit accepter le Généralissime. L'"union à la base" que Mao préconise depuis 1935 (en pleine Longue Marche) l'en exclut pourtant, mais Staline s'en tient à l'analyse des années vingt : l'unité chinoise, plus nécessaire que jamais face à l'offensive mondiale du fascisme, passe par Chiang. C'est ce que Wang Ming a déclaré au Ve congrès du Komintern qui ressuscite la stratégie d'union (1935), et la raison pour laquelle les communistes chinois, invités aux tractations de Xi'an, ont fait pression en faveur de la libération de leur ennemi, par la voix de Zhou Enlai : depuis le rétablissement des liaisons télégraphiques avec Moscou (16 juin 1936), ils ne peuvent plus faire la sourde oreille aux injonctions du Kremlin. Pourtant, l'invasion japonaise (juillet 1937) vide de sa substance l'accord conclu deux mois plus tard. Les communistes reconnaissent la suprématie du gouvernement central, leurs armées (celle du nord devient VIIIe Armée de route) sont en principe intégrées aux forces de Chiang, mais ils conservent leur territoire et leur organisation séparée. Aux yeux de Wang Ming, nostalgique d'un communisme de la Chine "bleue", l'alliance avec Chiang devait au contraire ouvrir la voie à un retour aux villes. Liu Shaoqi y a rétabli en 1935 l'influence du PC parmi le mouvement étudiant anti-Chiang. Les négociations avec le Guomindang font entrevoir la possibilité de reprendre au grand jour des activités militantes. A Yan'an même, Mao et son intransigeance ne font plus l'unanimité quand Wang s'y rend (décembre 1937) afin d'imposer sa version du Front. Mao n'est plus le cadre local subordonné qu'un acte d'autorité avait suffi à remettre à sa place cinq ans plus tôt, même s'il affecte de s'effacer devant le familier du Kremlin, espérant bien fouetter la solidarité et le sentiment national de ses compagnons. La crise se dénoue loin de Yan'an — à Wuhan où le gouvernement de Chiang s'est replié. Alors que les armées japonaises l'investissent, la métropole est disputée, comme en 1927, entre une droite et une gauche du Front. Les autorités interdisent les organisations de masse que le PC mobilise afin de défendre la ville. Wang Ming, qui s'est fait envoyer sur place pour négocier, rejette l'ordre d'évacuation que lui intime le Comité central de Yan'an, retombé sous la coupe de Mao après son départ. La chute de Wuhan en octobre scelle le fiasco de sa tentative, condamnée par le huitième plenum du VIe Comité central (octobre-novembre 1938). Acquise, une fois encore, grâce à une défaite providentielle du rival, cette victoire de Mao n'est pas moins importante que celle de Zunyi (1935). Le deuxième Front uni a survécu jusqu'en 1945, grâce à la séparation de ses partenaires-adversaires qu'entraînent la suite de la guerre et la volonté maoïste de maintenir le PC dans un quasi-Etat séparé. ■

Résistance communiste à Yan'an, résistance nationaliste à Chungking, collaboration à Nankin : la guerre crée trois Chine. Jusqu'aux offensives du printemps 1944, le Japon se contente de la Chine utile (provinces et poches littorales), qu'il contrôle par l'intermédiaire de gouvernements collaborateurs, placés en 1940 sous l'autorité de Wang Jingwei à Nankin. En bas : la VIIIe Armée de route communiste met à profit la Grande Muraille pour défendre le territoire de Yan'an, qui ne sera pas occupé.
Ph © Roger Pic

lité ceux des années vingt montre que dans la Chine en guerre se dresse un regroupement historique de classes : ouvriers, paysans, petite-bourgeoisie (y compris les intellectuels), auxquels se joignent les possédants — bourgeois nationalistes et "antibureaucratiques" (c'est-à-dire hostiles au régime projaponais), "bons" propriétaires fonciers (ceux des villages encadrés par les communistes ou qui coopèrent dans les zones disputées aux Japonais)... Dans les régions qu'il gouverne, le PC partage formellement le pouvoir avec le Guomindang et des partis de "troisième force" ; des élections sont organisées. Ces ouvertures ont sans nul doute valu aux communistes le soutien de secteurs non négligeables de l'opinion urbaine — ce qu'annonce l'arrivée à Yan'an d'intellectuels, d'artistes et d'écrivains qui fuient l'occupation sans rallier pour autant les provinces tenues par le Guomindang. La stratégie d'union peut, à la rigueur, expliquer le *modus vivendi* avec l'élite rurale qui se mêle peu ou prou de politique parce qu'elle détient le pouvoir dans les villages. Mais les paysans ?

C'est encore le nationalisme qui a été invoqué pour expliquer le changement d'échelle de leur mobilisation par les communistes, d'autant qu'en vertu de la seule concession substantielle qu'il ait faite à l'union, le PC ne distribue plus les terres, mais se contente d'appliquer la réforme agraire restée dans les cartons du gouvernement de Nankin (plafonnement des fermages, modération fiscale). La présence japonaise aurait cristallisé un nationalisme paysan en réveillant et en politisant l'ancienne xénophobie, endormie depuis les Boxeurs ; par leur habileté à organiser la résistance locale, les communistes auraient été à la fois les artisans et les bénéficiaires de cette politisation — bien que leur présence ait été la cause directe des descentes terroristes de l'armée japonaise et de ses auxiliaires sur les villages. En changeant de dimension, le mouvement aurait changé de nature. Mao en Chine, Tito en Yougoslavie, auraient présidé à cette mutation annonciatrice des "voies" particulières suivies par la Chine et la Yougoslavie socialistes, et des ruptures avec l'URSS.

De cette thèse aussi séduisante qu'exagérée (la région de Yan'an, par exemple, n'est pas sous occupation japonaise), il faut retenir au moins un trait capital : la

LA GUERRE SINO-JAPONAISE

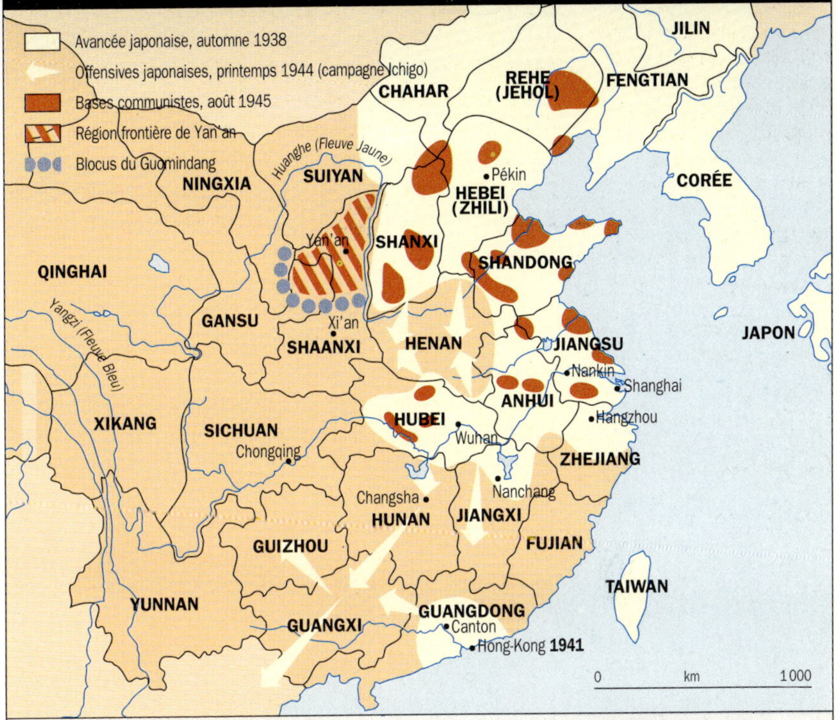

Yan'an, 1942 : la mobilisation des masses pour la production de guerre est l'un des leviers grâce auxquels le parti, sous couvert d'union nationale et de démocratie, instaure un contrôle qui sera le cœur du futur pouvoir totalitaire.
Ph © Wu Yinxian/Magnum

politisation d'un milieu jusqu'ici à l'écart du champ politique va de pair avec sa mobilisation par les communistes — une mobilisation activiste à la Mao, qui contrôle et contraint en même temps qu'elle soulève et convainc. Ses cibles varient selon les endroits et les circonstances : toujours et partout, l'occupant ; dans les régions disputées, les autorités projaponaises ; dans les bases proprement dites, les propriétaires récalcitrants (à l'application de la réforme agraire) ou les paysans réfractaires (à la coopération imposée pour augmenter la production)... Comme au Jiangxi, la conquête méthodique du pouvoir à l'échelle de la micropolitique villageoise constitue le nerf de la victoire communiste, mais selon une gamme élargie par la résistance. L'ennemi polarisant la dynamique de masse, les communistes peuvent s'appuyer sur les structures de pouvoir existantes au lieu de les détruire systématiquement. S'ils doivent fuir ou n'occuper le terrain que partiellement, les paysans ne risquent pas de se retourner contre eux. Il n'empêche que le PC n'est pas un allié comme les autres, un parti qui se contente d'un tiers du pouvoir. La socié-

té qu'il mobilise est une société dominée. Le nationalisme évite au maoïsme d'avoir à "liquider" ses "ennemis de classe" pour mettre en œuvre cette stratégie d'hégémonie qui lui permet de s'implanter fortement : Mao se donne le temps et les moyens d'une politisation progressive logée dans la mobilisation. C'est là ce qui fait toute sa différence avec les guérillas entretenues par le Guomindang tout comme avec l'indiscipline ruineuse de 1927 et avec le communisme soviétique, présent dans les villes, absent des campagnes.

Les intellectuels n'ont plus pour mission de guider le peuple. Il leur revient de dynamiser le processus de la mobilisation en fournissant des héros positifs et de créer des spectacles aisément assimilables qui relaient la "ligne" auprès des "masses". Ici, un drame musical joué à Yan'an en 1943.
Ph © Wu Yinxian/Magnum

Les outils du maoïsme

Quels sont ces moyens ? La "ligne" et les "campagnes de masse", la politisation de l'armée, la rectification des cadres sont issus du Jiangxi. Yan'an les développe et les institutionnalise sous leur double aspect : mobilisation, domination, en y ajoutant la rééducation des intellectuels.

On a voulu voir dans le maoïsme une démocratie pure, l'Eden de la révolution, un remède au caractère totalitaire du stalinisme, un miracle yan'anais : le contact

"Il faut recueillir les idées des masses, les concentrer (en idées générales et systématisées, après étude), puis aller de nouveau dans les masses pour les diffuser

entre une société fruste et une élite politique se réclamant d'une idéologie égalitaire dans un climat spartiate coupé du milieu urbain. Pourtant, Mao a dû rendre compact un milieu qui ne l'était pas. Contrairement à sa réputation, Yan'an offrait un environnement stratifié malgré son dénuement, moins diversifié que celui de la côte mais tout de même traversé par le fossé qui séparait le monde villageois des élites venues de la ville et de la politique. En s'installant au Sichuan et au Yunnan avec armes et bagages, le Guomindang a provoqué un contraste aussi violent.

Mais à Yan'an, Mao veut homogénéiser l'ensemble dans une construction qui signe sa manière politique : les divisions constatées fouettent sa volonté activiste ; l'arriération — la relative simplicité des formes de l'organisation sociale — et l'union sacrée autorisent le pari de l'intégration. Le "tout" maoïste ne peut être un "tout" que dans une dimension politique assimilée à la lutte ; c'est une totalité contradictoire en devenir, qui ne peut être produite qu'à travers la mise en forme politique des conflits qui la constituent, soit contre ses ennemis, soit à l'intérieur d'elle-même, au moyen de classifications so-

L'ABC DU MAOISME : LIGNE

Dans les villages tenus par les forces communistes, les paysans sont rassemblés pour débattre des mots d'ordre du parti : résistance aux Japonais, élections, recrutement dans l'armée et dans la milice, application de la loi agraire, mise en œuvre de coopératives afin d'augmenter la production, alphabétisation, émancipation des femmes... Ces "débats" ne sont laissés ni au hasard des circonstances, ni à la spontanéité "des masses". Celles-ci, dûment agitées par les cadres, sont invitées à suivre des modèles d'action — bons cadres locaux, soldats héroïques, héros et héroïnes du travail —, tout en "luttant" à travers la critique publique de contre-modèles : mauvais propriétaires, collaborateurs, mauvais cadres... Le pouvoir n'est jamais remis en cause, y compris quand les contre-exemples sont des cadres du parti : c'est le "style de travail" — "formel", "bureaucratique", ou "féodal" (ce qui veut souvent dire corrompu) — qui est sur la sellette ; d'autres cadres, venus d'échelons supérieurs en "équipes de travail", conservent l'autorité finale sur le processus de critique. Ils conduisent la "rectification" de l'encadrement local, supervisent les séances d'autocritique, décrètent rééducation ou suspension, tout en amenant les critiques des "masses" sur la ligne décrétée par le parti. Car les paysans ne prennent pas plus l'initiative de la ligne que celle de l'action. S'il arrive que le pouvoir compose — la réforme du mariage, à laquelle les chefs de famille sont hostiles, est atténuée —, le plus souvent il impose : par exemple, des formes d'entraide et de mobilisation du travail qui vont à l'encontre des traditions de solidarité villageoises. L'important, du reste, n'est pas de savoir qui l'emporte. Le fond de la ligne de masse et de la rectification est la politisation contrôlée d'un "tout" cio-politiques liées à la dialectique antagoniste ou non antagoniste des contradictions (voir encadré p. 101).

Mao reprend ainsi l'idéal — celui des rebelles, des révolutionnaires antimandchous et des activistes du 4 mai, tel le jeune Mao de la "grande union des masses populaires" — d'un langage commun au peuple et au pouvoir. Le langage maoïste intègre la vision conflictuelle de la société et de la politique qu'il s'est forgée dans les années vingt et trente. Ce n'est plus celui de la culture populaire, des références millénaristes ou religieuses des rebelles, ni celui des intellectuels, mais un idiome entièrement recréé par les dirigeants à partir de multiples traditions amalgamées — communistes ou non, chinoises ou non —, qui tient à la fois de la révolution et du totalitarisme. Assorti à l'ABC de la ligne de masse et de la rectification, il confère au maoïsme le ton inimitable d'un communisme qui aurait relevé le défi de la Chine "jaune" — à défaut du défi de la démocratie —, mais que la Chine "jaune", dans ses composantes paysannes et bureaucratiques, pénètre de toutes parts. L'austérité, la simplicité, l'égalité affectées d'une camaraderie universelle recouvrant la raideur bureaucratique,

et les expliquer, faire en sorte que les masses y adhèrent fermement et les traduisent en action, et vérifier dans l'action même des masses la justesse de ces idées."

Mao, juin 1943

DE MASSE ET RECTIFICATION

pouvoir-société. Le but n'est ni d'instaurer des contre-pouvoirs, ni de pluraliser l'opinion, mais d'homogénéiser et d'activer ce "tout" par la participation de chacun à une activité politique définie et dirigée d'en haut. Même s'il leur appartient de donner l'exemple de l'autocritique et de l'éducation par la pratique, les dirigeants sont les modèles vivants du "bon style de travail" et l'incarnation de la "ligne juste" en vertu de l'expérience acquise dans les luttes contre les "déviations" antérieures à Yan'an. L'unité organique du peuple et de ses dirigeants se rétablit à leur niveau, ce qui permet à Mao de dire que les "idées justes" viennent des "masses"... Les intellectuels, écrivains et artistes occupent une place à part dans ce dispositif. S'ils ne sont plus les leaders naturels du peuple, il leur revient d'éduquer masses et cadres tout en se rééduquant. Ce qui suppose qu'ils se mettent à l'écoute du peuple pour fournir un art assimilable, ainsi qu'aux ordres des dirigeants pour produire des critiques téléguidées adressées au style de travail, aux ratés de la pédagogie politique, pas à la nature du pouvoir ou au rôle qu'y tiennent les dirigeants. Au début du grand mouvement de rectification de 1942, ceux qui se livrent au mélange des genres sont transformés en exemples négatifs, nourrissant par là la pédagogie des luttes. La plupart seront absous après autocritique — ce qui ne les empêchera pas de constituer des cibles rituelles pour les futures campagnes du parti dans les milieux intellectuels. Refusant l'apostasie, l'un d'eux, Wang Shiwei, est jeté en prison (pour trotskisme) et exécuté lors de l'évacuation de Yan'an en 1947. Entretemps, Mao a fixé la règle du jeu dans ses interventions au Forum sur la littérature et l'art tenu en 1942. ■

les stages à la base (*Xiafang*) dans les villages (*Xiaxiang*), l'éducation permanente, un climat obsessionnel de lutte, de mobilisation des énergies individuelles et spirituelles, l'attention à la "pratique" — perfectionnement du "style de travail" et méfiance à l'encontre du "dogmatisme" livresque — définissent un style politique nouveau qui sera celui de la Chine populaire. Mao en jette les fondations en 1937 dans les conférences qu'il prononce sur "la pratique" (juillet) et "la contradiction" (août) après avoir tiré la leçon de la guérilla dans "Les problèmes stratégiques de la guerre révolutionnaire" (1936).

Parti et armée étant à la fois le reflet et le nerf activiste de l'ensemble, produire la révolution consiste avant tout à les construire, assidûment : recrutement parmi les activistes de la base, formation technique et politique des cadres dans des écoles spécialisées. L'arsenal pédagogique, l'attention constante "au style de travail", l'organisation de la surveillance collective produisent un authentique miracle : une armée qui se fait accepter de la population (le célèbre "poisson dans l'eau") ! La norme et les rites sont inculqués au cours des séances d'éducation politique qui rassemblent des "groupes de discussion" chargés d'expliciter les consignes et d'évaluer la conduite de chacun en entendant critiques et

autocritiques. Les dirigeants du parti guident ce rituel en publiant des manuels. *Comment devenir un bon membre du parti communiste ?* de Liu Shaoqi (première version, juillet 1939) sera l'ouvrage le plus imprimé en Chine avant d'être supplanté, Révolution culturelle aidant, par le *Petit Livre rouge* de Mao...

De 1942 à 1944, ces matériaux, œuvres de Mao ou de ses pairs, sont compilés dans un Canon choisi qui sert d'appui au "Mouvement de rectification du style de travail" (dit *Zhengfeng*) — le plus important et le plus décisif de la période yan'anaise. La direction consolide son emprise sur un parti en pleine expansion et sur la petite communauté des intellectuels, l'homogénéisation se fait maoïsation en profondeur. Les ultimes tenants et traces du passé "internationaliste", condamné sous l'appellation infamante de "menchevik" par Liu Shaoqi (juillet 1943), sont effacés. Le secrétariat général, occupé par Zhang Wentian (l'internationaliste rallié dès Zunyi), tombe dans l'oubli ; l'ascension de Mao parvient à son terme. Tous les domaines — philosophie marxiste, histoire de Chine, etc. — portent et porteront désormais la marque indélébile de sa "pensée", œuvre collective d'une équipe soudée par le succès autour du chef. La légende de ce chef, symbole identitaire majeur,

La stratégie maoïste d'encerclement des villes par les campagnes implique la construction inlassable du parti et de l'armée, le recrutement des militants activistes et l'entraînement des milices (ici, à Yan'an en 1939) : le contraire d'une rébellion romantique.

Ph © Walter Bosshard/Magnum

devient elle-même un mythe fabriqué. En 1945, la "Résolution" dans laquelle Mao consigne ce mythe en contant la saga de sa "ligne juste" au milieu des "déviationnismes" précède de peu le VIIe congrès du PC, qui entérine l'œuvre du *Zhengfeng* en élevant sa pensée au rang canonique, à côté du marxisme-léninisme, et en faisant de lui le président du Comité central : le "président" Mao.

"La loi de la contradiction inhérente aux choses, aux phénomènes, ou loi de l'unité des contraires, est la loi fondamentale de la dialectique matérialiste..."

Mao, août 1937

Les contradictions du Président Mao

Habile mais inclassable Mao ! Les constructions théoriques intègrent ses hésitations personnelles — entre l'ordre et la rébellion —, tout en conciliant son projet politique — révolutionnaire et impérial — avec la réalité de la société yan'anaise, dans laquelle il y a des abus, des privilèges et de la répression, en même temps qu'un dynamisme certain. C'est dans cette perspective à double entrée qu'il faut situer les emprunts considérables au stalinisme. La contradiction entre l'appareil et la révolution n'est pas d'ordre "principal" (Mao changera d'avis lorsqu'il lui faudra reconquérir le pouvoir...) : voilà en quelque sorte reconnu, accepté (puisqu'il est ce contre quoi il faut lutter de manière non antagoniste en évitant "dogmatisme", "bureaucratisme", etc.) l'appareil stalinien qui se développe à Yan'an dans son intégralité, avec ses pesanteurs et sa terreur. Le goulag où sont jetés les "ennemis" est d'ores et déjà, comme l'a écrit l'historien Jean-Luc Domenach, un "archipel oublié" grâce au paravent du *laogai* (la réforme par le travail) — autre invention activiste du passage au pouvoir. L'évolution commencée "sur deux jambes" (la terreur et/ou l'éducation) au Jiangxi va *crescendo* vers le régime policier de la République populaire. Yan'an amplifie aussi les prémices du Jiangxi dans l'évolution bureaucratique de l'appareil. Le cadre, l'officier, l'éducateur politique, le policier remplacent l'intellectuel, le militant syndicaliste, le guérillero. L'évolution ultérieure du parti s'annonce dans sa sociologie stratifiée comme dans ses rites, dans sa manière d'user et d'abuser du pouvoir comme dans ses privilèges — y compris celui d'abandonner des épouses militantes pour des intellectuelles ou des artistes venues de la côte.

Un Staline aux pieds de lœss chaussé de semelles activistes : voilà Mao. Et Marx ? Ses principales œuvres

ANTAGONISTE, NON ANTAGONISTE ?

Les conférences sur la contradiction (août 1937) situent l'essence "contradictoire" du politique dans la dimension fondamentale de l'activité humaine et de l'Univers. La contradiction est éternellement en toute chose, principe cosmique aussi bien que social. Connaissance et théorie ne sont elles-mêmes qu'une forme d'action, c'est-à-dire de lutte, et la "ligne juste" est une gestion des contradictions. Phases de lutte et phases d'unité doivent alterner sans cesse car la transformation de l'homme ne peut être que partielle et progressive : la politique maoïste est un courant alternatif régi par la direction, dans la sagesse que lui vaut sa pratique de la "ligne juste". C'est elle aussi qui détermine les formes — statuts sociaux ou distinctions politico-morales — du découpage politico-institutionnel : paysans pauvres, moyens, riches, bons ou mauvais propriétaires, bourgeois nationaux ou bureaucratiques, bons ou mauvais cadres. C'est elle, enfin, qui décrète quelles catégories sont alliées ou ennemies, quelles contradictions sont internes au peuple et conciliables, ou externes et "antagonistes". Car la contradiction se présente en politique comme partout sous deux aspects. Celles qui traversent masses et cadres à l'intérieur de l'ensemble (le mauvais style de travail, la propriété foncière maintenue par la Nouvelle Démocratie, etc.) ne sont qu'un aspect "secondaire" ou "non antagoniste". La ligne de masse, la rectification peuvent en avoir raison en même temps qu'elle s'en nourrissent, pour le plus grand bien de l'activation collective : elles relèvent du conflit politique ritualisé sous le contrôle des dirigeants. Mais sous son aspect "principal" ou "antagoniste", la contradiction pose la question du pouvoir et de son renversement : elle relève de la guerre de classes. Dans cet enfer, le Guomindang et les propriétaires fonciers succéderont au Japon, avant la bourgeoisie, catégorie dans laquelle Mao finira par "classer" ses ennemis au sein du parti. Mais l'ouverture des contradictions n'est en rien un gage de démocratie : ou bien le processus dialectique contraint des ennemis potentiels à se rééduquer, ou bien il les élimine, ce qui, dans les deux cas, contribue au progrès politique de l'ensemble vers la pureté et l'homogénéité. La critique des écrivains en 1942 et les Cent Fleurs de 1957 sont les exemples classiques de cet activisme à double détente. ■

Ph © Roger Pic

Jiang Qing (1914-1991). Après la paysanne dédaignée, l'intellectuelle martyre (Yang Kaihui), la politique souffrante (He Zizhen, compagne du Jiangxi, épuisée par la Longue Marche et évacuée à Moscou en 1937), Jiang Qing, l'actrice venue de Shanghai en 1938, restera aux côtés de Mao jusqu'à la fin.
Ph © Archives CDCC

ont été traduites, comme celles de Lénine, depuis les années vingt. Mais ce qui est commenté à Yan'an sont les gloses passablement travesties (et pas toujours exactement traduites) de l'URSS stalinienne. Chez l'auteur Mao, la "normalisation" marxiste du discours doit beaucoup à ces appauvrissements, ainsi qu'à des emprunts considérables aux spécialistes de la question qui seront les futurs cadres des Instituts du marxisme-léninisme de la Chine populaire. Le principal pourvoyeur des idées et mises en forme orthodoxes, pour lesquelles Mao n'a pas un goût marqué, est son secrétaire Chen Boda. Sous ce vernis transparaît l'héritage de la première formation et, ne l'oublions pas, de la poésie. Le primat de la volonté, de l'action et de l'épreuve s'intègre à la dialectique de la contradiction en un volontarisme sans limites : le subjectif conquiert contradictoirement l'objectif. Les années soixante et soixante-dix ont eu tort de s'exagérer la vigueur philosophique de cette pensée. La force profonde du maoïsme est en rapport direct avec une situation politique. Elle exprime le "personnage" : technicien et tacticien du pouvoir avant tout, imbu de son autorité, détestant cordialement idéologues et technocrates, ces avatars "bureaucratiques" du lettré, de l'intellectuel et du mandarin honnis dès le plus jeune âge. S'effaçant volontiers pour mieux jouer de la supériorité qui lui est reconnue, il est le maître affectant le rôle de l'élève — et surtout l'iconoclaste, le provocateur, qui bouleverse l'agencement soigneusement ordonné des rôles sociaux tout en gouvernant par leur intermédiaire. Plus encore que dans la mise simple, ou dans les contacts familiers avec la "base" — genres que cultivent assidûment cadres et oligarques —, c'est dans la parole que triomphent les ambiguïtés maoïstes. Mao, le pourfendeur des rites (y compris ceux du communisme, appelés "dogmatisme"), fonde son autorité sur leur dénonciation ; l'éducateur au ton sans réplique émaille ses discours de franches grossièretés, dans un registre scatologique propre aux interprétations freudiennes dont les spécialistes occidentaux ne se sont pas privés... Les deux côtés de Mao — rebelle et officiel, iconoclaste et fondateur d'orthodoxie — sont plus distincts dans ce qui l'oppose à ses pairs : ils sont deux versants du maoïsme.

La coalition de Yan'an

En contraste avec le style désinvolte et personnel de Mao, qui n'aime rien tant que bousculer l'ordre à condition d'y trouver l'occasion d'affirmer son pouvoir, Liu Shaoqi ou Chen Yun (un autre dirigeant du communisme urbain, passé du côté maoïste à Zunyi comme Liu) professent une vision plus rangée, insistant davantage sur l'autorité, sur les institutions et les hiérarchies, et laissant à des pratiques de perfectionnement individuel le soin d'entretenir une dynamique activiste bien contrôlée. Ces deux sensibilités, lorsque les institutions prendront le pas sur l'action révolutionnaire et que la Chine "socialiste" se sera vidée de ses ennemis de classe, s'opposeront et se combattront. A Yan'an, au contraire, les Japonais, les collaborateurs cristallisent les antagonismes à l'extérieur. Mao joue son rôle de fédérateur à la tête d'une équipe qui l'appuie et le magnifie délibérément afin de faire pièce au prestige retrouvé de Chiang Kai-shek : le culte est en marche.

Comme les institutions politiques forgées durant la guerre, la direction des années quarante sera le pivot politique de la Chine populaire, avant d'éclater à la veille de la Révolution culturelle. Collégialité ? Mao s'en détache clairement. Despotisme, tyrannie ? Le pouvoir au sommet n'est pas encore accaparé par un chef de clan dressé contre d'autres factions. Il s'agit plutôt d'un compagnonnage hiérarchisé suivant des rapport personnels, derrière lesquels se profilent des réseaux et des clivages — civils et militaires (le "parti" et le "fusil"), anciens et nouveaux cadres, etc. — qui donneront naissance aux futures factions. On peut, avec l'historien Roderick MacFarqhuar, parler d'une "table ron-

Portrait du couple Mao-Jiang Qing dédicacé en 1945 au représentant de Staline à Yan'an. Le passé orageux de Jiang Qing risquant de nuire à l'image publique de Mao, elle a dû s'engager à se tenir dans l'ombre. Elle en sort vingt ans plus tard pour devenir, avec la Révolution culturelle, la grande prêtresse d'un maoïsme ultra qu'elle n'a pas renié, de sa condamnation à mort (1981, commuée par la suite) à son suicide (1991).
Ph © Archives CDCC

"**N**ous devons (...) dire [à ceux qui ont une pratique dogmatique du communisme] :
« Votre dogme ne sert à rien. »
Pour parler moins poliment :
« Votre dogme est moins utile que de la merde. Avec de la merde de chien, on peut fertiliser les champs. Avec celle de l'homme, on peut nourrir les chiens. Et les dogmes ? On ne peut pas s'en servir dans les champs ni en nourrir les chiens. A quoi peuvent-ils servir ? »"
En donnant le coup d'envoi du Zhengfeng (février 1942), le rebelle antidogmatique fonde un nouveau rituel d'autorité sur la dénonciation des rites.
Ph © Archives CDCC

de". Mais comment ne pas évoquer la confrérie du *Bord de l'eau*? Peng Dehuai y supplante peu à peu Zhu De dans le rôle du "commandant". Malgré son éloignement à Chungking, où il représente le PC auprès de Chiang, Zhou Enlai se maintient dans les premiers rangs (le troisième selon la hiérarchie de 1945), dans le rôle du négociateur qu'il complétera bientôt par celui de l'administrateur-Premier ministre. En seconde position, celle de l'"alter ego" du Président chargé de tenir le parti, Liu Shaoqi. Chen Yun (cinquième) est la "tête" économique du noyau dirigeant... et le seul ex-ouvrier de l'équipe. Après les déchirements de la Révolution culturelle, le maoïsme œcuménique de Yan'an est redevenu la référence. L'empreinte des années quarante sur la culture du PC a survécu à l'entente politique. Deng Xiaoping s'en inspire, quoique de manière plus autoritaire qu'activiste, comme méthode de contrôle politique et comme symbole identitaire. La démaoïsation a réuni autour de la momie du mausolée de Tian'anmen le souvenir de Liu, Zhou et Zhu : le parti, l'Etat et l'armée autour d'un chef ramené à sa fonction charismatique de fédérateur consensuel du pouvoir communiste. La coalition de Yan'an a dû son efficacité — mais aussi sa précari-

té — au fait que Mao et le maoïsme parviennent à un point d'équilibre au milieu des années 1940. Equilibre instable, compromis fragile, tenant beaucoup moins à la maturité du personnage qu'aux circonstances. Elles accordent à Mao un sursis de dix ans (1945-1954), le temps pour la machine yan'anaise de conquérir l'Empire et de le réorganiser à son image, avant que l'empereur ne renoue avec la rébellion pour faire plier ses pairs face aux défis de la construction socialiste. Tel est sans doute l'unique aspect non contradictoire de Mao : s'il est l'ambiguïté au pouvoir, l'exercice du pouvoir est pour lui dépourvu de toute ambiguïté.

Liu Shaoqi, l'autre pôle de Yan'an, est l'allié indispensable jusqu'aux années soixante. Encore au second rang dans les années quarante, Deng Xiaoping en a gardé l'esprit : rôle tutélaire du pouvoir, épuration rituelle du parti et rectification des intellectuels appartiennent toujours à sa panoplie.
Ph © Wu Yinxian/Magnum

La conquête militaire

Durant les quelques mois qui préparent l'ultime affrontement PC-Guomindang (été 45-printemps 46), la politique revient sur le devant d'une scène occupée par la guerre depuis trente ans. L'heure est au gouvernement de coalition, formule due aux Américains, soucieux, comme dans tous les pays où se pose après guerre le problème du communisme, de trouver une solution pacifique et réformiste, avec ce que Roosevelt croit être la bénédiction de Staline à Yalta. Mao rencontre Chiang à Chungking, avec, en effet, l'approbation de Staline qui ne croit pas plus qu'à l'époque de Xi'an (1936) aux chances du PC de gagner la course au pouvoir. A la fin de l'année, le général Marshall, envoyé en médiateur par Truman, obtient la convocation d'une conférence rassemblant le Guomindang, le PC ainsi que les petits partis et courants indépendants d'une "troisième force" qui brille par ses divisions et sa grande faiblesse. Mais 1946 n'est plus 1945 : Staline avance ses pions, Truman résiste. En Chine, la Mandchourie (occupée par les Soviétiques après une déclaration de guerre *in extremis* au Japon) polarise ces affrontements qui préludent à la guerre froide. Au printemps, les incidents s'y multiplient :

"Unissons-nous et faisons une claire distinction entre nous et nos ennemis."

Mao, août 1952

les communistes se retirent des négociations et lancent officiellement, en mai, une révolution agraire qui rompt symboliquement le Front.

Face à un Guomindang considérablement avantagé par l'aide logistique et matérielle des Etats-Unis, le PC recourt aux esquives de la guérilla : jusqu'à l'été 1947 ses forces reculent ; treize ans après Ruijin, Yan'an tombe. Mais dans le même temps est mise en œuvre une stratégie de renforcement de l'Armée populaire de libération (APL) par la mobilisation paysanne qui va de pair avec la révolution agraire. L'assaut contre les propriétaires fonciers donne aux communistes le contrôle direct des villages ; les techniques yan'anaises de politisation et de contrôle assurent leur emprise sur la société paysanne, dont ils extraient des soldats et des activistes en grand nombre. Le Guomindang réagit différemment. Chiang Kai-shek égrène ses divisions, étire ses lignes de communication, intervient personnellement dans la conduite des opérations. Il se méfie des généraux, mais aussi des gouverneurs de provinces, des factions d'un régime divisé et corrompu qui lui fait envier la cohésion des communistes. Et leur allant idéologique. Pourtant, si

LA RÉFORME AGRAIRE (1946-1950)

"As-tu renversé le corps aujourd'hui?
— Oui, mais c'était un corps vide!" William Hinton a laissé un témoignage irremplaçable sur la réforme agraire (1946-1950), dans son reportage célèbre "Fanshen". Le "corps" en question, c'est à la fois le pouvoir de l'élite villageoise, décapité par l'assaut lancé contre les propriétaires, et les biens de la "classe renversée" : terres, demeures, monnaies d'or et d'argent, bijoux, etc. Autant les paysans peuvent assouvir leur soif de vengeance au cours d'extraordinaires accès de violence collective — les "meetings de lutte" organisés dans chaque village coûteront la vie à cinq millions de propriétaires —, autant le partage des "fruits de la lutte" s'avère décevant. Les quelque 40 % du terroir qui sont redistribués ne suffisent pas à enrichir la multitude des démunis, même si chacun se trouve au bout du compte à la tête d'un minuscule lopin. Encore a-t-il fallu préserver des exploitations un peu plus étendues en empêchant les pauvres de s'en prendre aux petits propriétaires indépendants (les "paysans moyens") après les paysans riches. La fièvre niveleuse de 1947 a été rectifiée en 1948. Dans le mouvement, les cadres issus des premières étapes de la réforme ont été repris en main, le pouvoir faisant critiquer les excès de gauche (ainsi que les cas d'enrichissement, pour faire bonne mesure) par les "masses" paysannes sous la houlette des équipes de travail. Car tel est bien le résultat le plus important de la réforme agraire : la mise au pas qui précède la collectivisation. En supprimant les intermédiaires, elle place les paysans sous la coupe directe du parti. Elle étoffe aussi sa clientèle par la constitution d'une nouvelle élite dans les campagnes — la très petite nomenklatura rurale — qui lui doit tout... Elle sera la masse de manœuvre de Mao contre l'appareil et sa grande nomenklatura, tout au long des années cinquante. ■

Un paysan accuse un propriétaire terrien pendant la réforme agraire.
Ph © Marc Riboud/Magnum

D'août à octobre 1945, Mao négocie avec Chiang Kai-shek à Chungking (Chongqing) : la résistance du Guomindang et l'attitude américaine font du Généralissime une force incontournable. Les communistes jouent le jeu du gouvernement de coalition (présenté sous les couleurs de la Nouvelle Démocratie), ce qui les met en phase avec l'opinion des villes.
Ph © Rapho

l'opinion — les étudiants surtout — s'oppose à la guerre, et à l'intervention américaine, les villes sont loin en 1946 du basculement de 1948. Pour jeter d'importants secteurs de la société urbaine dans les bras de la Nouvelle Démocratie, il faudra l'ajournement du processus démocratique et, surtout, de la réforme agraire. Ayant abandonné les campagnes aux notables avec lesquels il a noué une alliance implicite, l'Etat nationaliste n'intervient que pour lever l'impôt, recruter des soldats et imposer la corvée. Quoique ces interventions ne soulèvent pas les villages où les communistes n'opèrent pas, elles sont une cause de décomposition. Mal nourris, maltraités, mal soignés, les soldats-paysans désertent dès qu'il le peuvent, passant avec armes et bagages aux communistes, qui les accueillent, les alphabétisent et les politisent : à partir de 1948, l'armée nationaliste fond, l'APL se renforce en hommes et en matériel... La même année, l'hyperinflation héritée de la guerre provoque l'effondrement du front urbain. De tardifs efforts de conversion monétaire ne font qu'accroître la méfiance et la spéculation. Capitulations et ralliements se multiplient à mesure que l'APL remporte des victoires décisives, d'abord en Mandchourie, puis en balayant l'ultime défense concentrée par Chiang dans la région de la rivire Huai, entre fleuve Jaune et Yangzi (novembre-décembre 1948). Pendant qu'à Pékin (qui s'est rendu en janvier 1949) Mao proclame la République populaire (1er octobre), l'APL fonce vers le sud et l'ouest. Le détroit de Taiwan arrête le déferlement, qui parvient à son terme continental en octobre 1950 avec l'occupation du Tibet.

La conquête politique

Après la conquête du territoire vient celle de la société. La réforme agraire et la réforme du mariage, mises en œuvre au sud dans le sillage de l'APL, approfondissent l'emprise du parti sur les villages. Les campagnes ne sont pas plus livrées à une démocratie paysanne qu'aux libertés du marché. Les cadres occupent peu à peu la place des propriétaires et des marchands, comme celle des maris et des belles-mères. En ville, la lutte contre l'inflation, menée d'une main de fer par Chen Yun, le fort secteur public hérité du Guomindang permettent de contrôler la monnaie, les banques et une bonne partie de l'industrie. Le secteur privé du "capitalisme national" — symbole de la Nouvelle Démocratie — est tenu en respect, dans chaque entreprise, par les syndicats et les cellules que le PC constitue afin de re-prolétariser ses rangs. Les intellectuels et l'enseigne-

En 1948, la méfiance contre la monnaie et la spéculation tournent à la panique. Les ouvriers se prémunissent de l'hyperinflation en obtenant une échelle mobile, mais les fonctionnaires, les professeurs, les commerçants, la bourgeoisie d'affaires la subissent de plein fouet.
Ph © Henri Cartier-Bresson/Magnum

LA CONQUÊTE

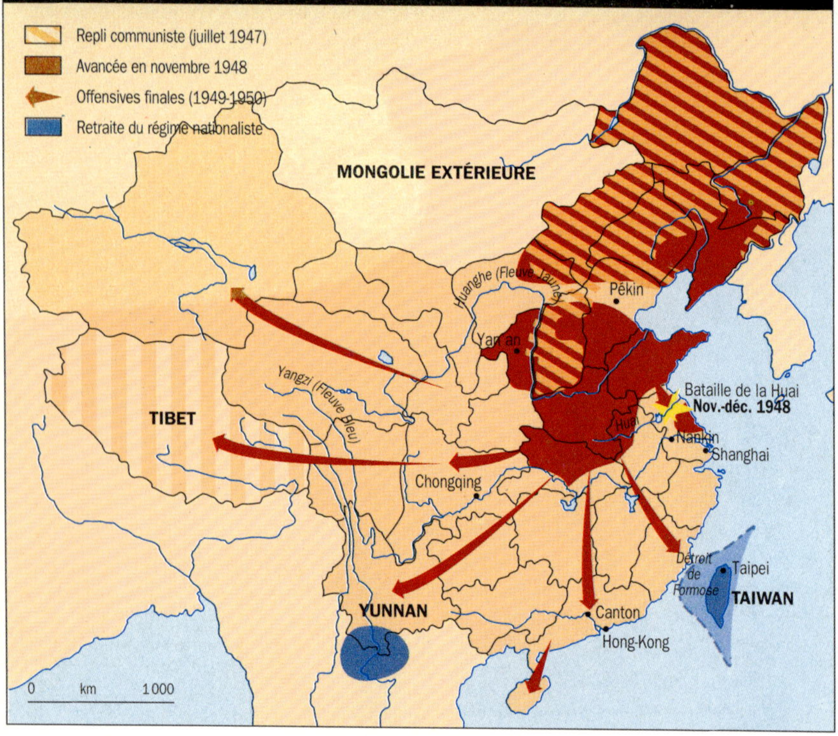

Après le passage du Yangzi, la conquête communiste avance à grandes enjambées jusqu'au détroit de Formose, qui protège le gouvernement nationaliste et trois millions de réfugiés. La guerre contre les "bandits rouges", que le Guomindang poursuivra à Taiwan, n'a pris officiellement fin qu'en 1992.

ment sont soumis à l'idéologie marxo-maoïste ainsi qu'à la manière activiste de s'y convertir et de la pratiquer. Cette "réforme de la pensée", dont certains Occidentaux n'ont pas craint de vanter la douceur et les vertus pédagogiques, est en réalité un lavage de cerveau sur fond de crainte : celle qu'inspire l'usage de la terreur contre les ennemis politiques du parti ou contre les "mauvais éléments" et les déclassés de la société — gangsters, prostituées, marginaux —, qui ne sont plus bons qu'à la rééducation. L'épouvante du *laogai* donne du poids aux campagnes politiques. Les réseaux et associations qui innervent la vie sociale chinoise se sclérosent. Condisciples, collègues et amis se fuient ; l'idiome de la "camaraderie socialiste" se répand dans une société quadrillée par les organisations de masse, qui relaient le message et le contrôle du parti.

Contrairement au Guomindang des années trente, qui s'était dissous dans sa conquête, le PC avale la sienne avec un bel appétit totalitaire. Les paysans rechignent à divorcer, à coopérer, à payer l'impôt ? Des intellectuels regimbent, les syndicats revendiquent contre le parti-patron, les contrats passés entre l'Etat et le secteur privé sont tournés par le marché noir, la fraude et la corruption ? La réforme agraire dans les provinces du sud est détournée par des cadres mal aguerris, qui établissent leur pouvoir en prenant la défense des localités qu'ils dirigent contre les politiques du parti ? Résistances et ratés fouettent l'ardeur mobilisatrice, qui rebondit avec le déclenchement de la guerre de Corée, conséquence de la guerre froide et du traité d'alliance avec l'URSS que Mao signe à Moscou en février 1950. Tandis que les "volontaires" chinois commandés par Peng Dehuai s'enlisent jusqu'à l'armistice de 1953, la conquête interne progresse à grands pas. L'encadrement urbain est "rectifié" en 1951. A la fin de l'année, la campagne s'étend aux "capitalistes nationaux", frappés par de lourdes amendes et le renforcement des contrôles politiques de la direction des entreprises. Tandis que ce mouvement prépare les nationalisations de 1955-1956, le premier plan quinquennal, inspiré du modèle soviétique, est mis en chantier. La transition au socialisme qui s'a-

La débâcle a précipité une défaite pressentie depuis 1948, date à laquelle Mao a proclamé le "retour aux villes". Ce retour met en contact les deux Chine qui se partagent le XXe siècle. Comme ici à Nankin, les paysans-soldats de la Chine "jaune" maoïsée qui défilent dans la Chine "bleue" conquise font figure de "Martiens", selon le mot célèbre de Robert Guillain, reporter de l'événement à Shanghai.
Ph © Henri Cartier-Bresson/Magnum

morce dans l'approfondissement social de la conquête englobe aussi les campagnes. En 1953, un système de réquisitions remplace les circuits commerciaux et l'impopulaire fiscalité pour ravitailler les villes et, par le biais de transferts désormais cachés, financer le développement industriel. Les cadres méridionaux sont repris en main et relayés par des milliers de "nordistes". Afin de surveiller une population encore très mobile, le pouvoir multiplie les quadrillages. En attendant l'enchaînement des paysans à la glèbe — l'un des effets de la collectivisation —, les travailleurs urbains sont rattachés à une "unité de travail" (*danwei*) qui distribue salaires, primes, logement, soins, éducation des enfants, loisirs et pensions. Les citadins sont enregistrés auprès de comités de quartiers, soumis aux contrôles de la sécurité et à la vigilance des activistes. L'attitude politique et professionnelle de chacun — enseignants, étudiants, lycéens aussi bien qu'ouvriers ou fonctionnaires — est consignée dans un "dossier" tenu à jour par les comités du parti. Enfin, chaque individu reçoit un "statut de classe" selon le barème économico-politico-moral des classifications maoïstes. Aux "catégories rouges" (ouvriers, paysans pauvres et moyens, cadres, martyrs et intellectuels révolutionnaires) s'opposent les "mauvaises" (propriétaires fonciers, paysans riches, contre-révolutionnaires, "mauvais éléments"... la liste ira s'allon-

geant). Ces étiquettes, qui seront transmises aux nouvelles générations, illustrent l'intention maoïste de formaliser des contradictions tous azimuts en même temps qu'une tendance précoce à la sclérose. Jusqu'à leur disparition, œuvre de la démaoïsation des années quatre-vingt, elles vont conditionner l'existence matérielle, la carrière, la survie ou la mort politique de chaque Chinois.

En 1954, bien que la nouvelle constitution fasse de la Chine une "démocratie populaire" présidée par Mao (huit "partis démocratiques", rassemblant les alliés du PC dans la guerre civile, lui sont en principe associés), le socialisme est à l'ordre du jour. Le parti a relevé le défi politique de la conquête grâce aux techniques élaborées à Yan'an. En ouvrant l'étape collectiviste, cette victoire place le pouvoir devant un défi plus formidable encore. Conçue et réussie comme une stratégie de domination, la transition au socialisme va devoir faire ses preuves économiques — dans un pays pauvre, qui se découvre (en 1953) plus peuplé que ses dirigeants ne l'imaginaient, alors que la paix lance la population dans une croissance effrénée.

La victoire politique ne sera pas transformée en réussite économique et sociale. De là une dispute qui brise en dix ans la coalition de Yan'an en faisant de Mao l'ordonnateur exalté puis contesté d'une échappée dans l'utopie : le Grand Bond en avant.

Fort de ses victoires, Mao se lance à l'assaut du sous-développement, des inégalités, de la transformation de l'Homme : tout empereur se doit de refonder l'empire après l'avoir conquis. Mais cette nouvelle entreprise n'aura pas le succès de la première, que la guerre a portée de bout en bout. Ce déploiement de force annonce aussi ce que deviendra le maoïsme : une guerre sans répit faite à la société et aux institutions, un pouvoir tyrannique qui s'appuie sur la police et sur l'armée.
Ph © Gamma

Chapitre 6

L'EMPIRE DISPUTÉ

1955-1965

TRANSFORMER LA VICTOIRE POLITIQUE EN RÉUSSITE ÉCONOMIQUE : TEL EST LE BUT DU GRAND BOND, CETTE "VOIE CHINOISE" VERS LE SOCIALISME. MAIS L'EXPÉRIENCE TOURNE AU DÉSASTRE ET MAO, CONTESTÉ, CHERCHE D'AUTRES TERRAINS DE LUTTE.

En 1955, Mao bouleverse la stratégie de développement industriel prioritaire et de collectivisation graduelle mise au point pour le premier plan quinquennal (1953-1955). Maître dans l'esquive aussi bien que dans l'attaque, courant d'un front à l'autre — du politique à l'économique et vice versa —, il impose à ses compagnons une guérilla et un despotisme qui ébranlent la "Table ronde", mais il sait aussi trouver des alliés au sommet comme à la base du parti pour appliquer la méthode activiste aux domai-nes de la production, de la planification, de la gestion et de la redistribution. La "voie chinoise" dans laquelle il s'engage le conduit aussi à redéfinir les institutions du socialisme : passage forcé au communisme lors du Grand Bond en avant (1958), survie de la révolution lorsque Mao, sa "voie" et son despotisme sont contestés après l'échec du Bond.

La mise en œuvre du plan crée de nouvelles élites et de nouvelles inégalités : la Chine a trop d'hommes et trop peu de ressources pour épargner ces déséquilibres à son développement socialiste (voir encadré p. 117). N'étant pas destinée à opérer une redistribution générale et immédiate, la collectivisation peut avancer à pas comptés. Dans les campagnes, où elle est liée à la mécanisation, ses progrès sont conditionnés par ceux de l'industrie : au début de 1955, 13 % seulement des foyers paysans appartiennent à des coopératives "inférieures", ensembles modestes (une dizaine ou quelques dizaines de familles) qui restent propriétaires et sont rému-

En engageant la "voie chinoise" vers le socialisme, Mao veut réaliser le rêve des révolutionnaires du début du siècle : rattraper le retard de la Chine. En 1958, un programme de grands travaux est entrepris dans le cadre du Grand Bond en avant. Mais alors que ses prédécesseurs souhaitaient accélérer le progrès économique par une large ouverture de la Chine, Mao considère qu'elle ne doit "compter que sur ses propres forces", à commencer par celle de ses bras, seule vraie richesse d'une nation, comparée à une "page blanche" sur laquelle il se fait fort d'écrire "les plus beaux caractères".
Ph © Roger Pic

La "voie chinoise" vers le socialisme définie par Mao vaut autant pour la ville que pour les campagnes, où vivent 90 % des Chinois. Mais dans les années cinquante, sa mise en œuvre privilégie le terrain rural. A l'inverse, la Révolution culturelle (1966-68) sera un phénomène principalement urbain. Ici, Mao en tournée d'inspection lors de la collectivisation des terres en 1955.
Ph © Archives CDCC

nérés au prorata de leurs apports. Certainement tenté par le modèle stalinien adapté qui est retenu au début des années cinquante (sa "voie", au reste en sera le complément, jamais la négation), Mao peut en constater les contraintes en découvrant que la Chine n'est pas Yan'an. Il n'en demeure pas moins solidaire ou silencieux jusqu'en 1955, quoique ses doutes transparaissent auparavant. Quand le philosophe Liang Shuming, qu'il a rencontré à Beida à l'époque du 4 mai, ose dire (septembre 1953) que le parti exploite la paysannerie, la violence de sa réaction laisse penser qu'il est piqué au vif, comme défié. Mais au même moment, "l'affaire Gao Gang" lui interdit de briser le consensus. Contre la volonté de cet ancien cadre de la base du Shaanxi, investi du proconsulat de Mandchourie puis passé à la tête de la Commission du plan à Pékin, Mao soutient la dissémination vers l'intérieur des grands projets du plan et la tutelle du parti sur leurs directeurs "techniques" (Gao souhaitait concentrer les premiers dans son fief mandchou — doté par le Japon d'une infrastructure lourde unique en Chine — tout en renforçant sa position à la tête d'une administration économique indépendante).

Mais il semble que Mao ait dû surtout contrecarrer une offensive dirigée contre le premier carré des barons, Liu Shaoqi et Zhou Enlai, sans compter de possibles liens de Gao avec l'URSS. Critiqué en décembre 1953, destitué en février 1954, Gao n'est mis en accusation publique dans le parti qu'en mars-avril 1955. Entre-temps, suicide ou exécution, il a disparu. Deng Xiaoping le remplace au Bureau politique et le projet des planificateurs peut être chamboulé par un Mao qui vient d'accomplir le dernier acte fédérateur de la coalition de Yan'an.

La marée haute du socialisme (1955-56)

Précipité en juillet 1955, le mouvement des coopératives — la "marée haute du socialisme dans les campagnes" — recouvre rapidement le pays. Mao attelle le politique à l'économique : le potentiel vierge de mobili-

NOUVELLES ÉLITES, NOUVELLES INÉGALITÉS

Le choix du modèle soviétique d'industrialisation planifiée (avec l'aide technique et matérielle de l'URSS) avantage globalement les villes en sacrifiant *de facto* les alliés historiques du parti — les paysans, dont les maigres surplus sont captés par le système des réquisitions sans contrepartie d'investissements étatiques. A mesure que se précisent et l'emprise directe du parti sur les campagnes, et la transition au socialisme, le pouvoir ne s'appuie plus tant sur la paysannerie que sur l'encadrement rural et sa clientèle d'activistes paysans, expression de la mobilité sociale et politique ouverte par la révolution. Cette nouvelle "base" du régime sera la masse de manœuvre de Mao jusqu'au Grand Bond. Les initiatives maoïstes tendront à renforcer les pouvoirs des cadres locaux en réduisant la part résiduelle de l'économie et même de la vie familiales. En faisant appel à l'émulation activiste, elles iront aussi à la rencontre des clivages localistes et factionnels apparus dans la micropolitique rurale malgré la cohésion globale du contrôle des campagnes et du personnel rural : tel chef ou tel groupe pourra prétendre accroître son pouvoir ou ses avantages en faisant acte de zèle maoïste afin de secouer la tutelle de factions rivales... L'autre base du régime (en dehors de la bureaucratie urbaine) est constituée par les ouvriers — du moins les titulaires des grandes entreprises étatisées, car les inégalités n'épargnent ni la population urbaine, ni la classe ouvrière. Avant même l'élimination des classes possédantes — propriétaires, patrons — maintenues en vertu de la Nouvelle Démocratie qui est une fiction politique mais une réalité sociale, des options ont été prises sur l'avenir socialiste. Les besoins d'une industrialisation rapide attirent sur les chantiers urbains une main-d'œuvre nombreuse, peu qualifiée, à laquelle des contrats temporaires ne donnent pas droit aux privilèges sociaux distribués par les *danwei*. Cette distribution même oppose les grandes entreprises et les riches *danwei* généreusement pourvues par le plan et le budget central aux unités moins nanties (en logements collectifs, écoles, crèches, dispensaires, etc.), catégorie dans laquelle tomberont la grande majorité des entreprises nationalisées en 1955-56 (parce qu'elles seront trop petites et proviendront des secteurs non prioritaires : transformation, biens de consommation, services, etc.). ■

sation et de croissance que les nouvelles coopératives "supérieures" (une centaine de familles) sont censées dégager est mis en œuvre dans un plan de développement agricole duodécennal établi... hors plan. Les "masses" seront mobilisées — politiquement et gratuitement — afin de réaliser de grands travaux (équipement hydraulique, terrassement, assainissement, reboisement): l'inverse de la lente et dispendieuse mécanisation industrielle prévue par les planificateurs. Mao ne cherche pas à mieux répartir un surplus mesuré, mais à créer du surplus à partir du travail activé de la base en complément du développement industriel planifié: le Grand Bond se profile dans "sa" collectivisation.

"Un nouveau mouvement de masse, socialiste, est sur le point de prendre son essor dans les régions rurales [...]. Toutefois, certains de nos camarades marchent clopin-clopant, comme une femme aux pieds bandés, et ne cessent de se plaindre, en disant: — Ah! Vous allez trop vite!"

Mao, juillet 1955

Au reste, couplée aux effets accélérateurs du plan dans les villes, où l'industrie et le commerce sont nationalisés en 1956, la marée collectiviste fait du milieu des années cinquante un véritable "petit bond" avant la lettre, générateur des tensions et des conflits d'une croissance trop rapide: crise du logement, insatisfaction des "nationalisés" (qui ne peuvent prétendre aux avantages dont jouissent les anciens ressortissants du secteur d'Etat et le noyau de l'industrialisation lourde), férule mal acceptée d'une bureaucratie dont les règles — présence à l'atelier, discipline de travail, grille des salaires, répartition des primes — contreviennent aux habitudes nouées sous l'ancien système de pouvoir. Les paysans ne se reconnaissent pas davantage dans les coopératives "supérieures". Ils troquent non seulement une participation rémunérée pour un salariat égalitaire, mais aussi des unités calquées sur le découpage des terroirs et des villages (ce qu'étaient encore les coopératives inférieures) pour des ensembles plus vastes et plus impersonnels, dans lesquels ce "lien territorial" est rompu. Les cadres prennent en charge l'organisation du travail, imposent le choix des récoltes. Si la collectivisation maoïste ne revêt pas l'aspect cataclysmique de la collectivisation stalinienne, c'est que le parti exerce déjà son hégémonie dans les villages. Elle n'en a pas moins rencontré de vives résistances qui ont conduit au recul des coopératives là où localisme et factionnalisme ont joué à l'encontre de la "ligne".

La "marée" de 1955 ébranle aussi l'union au sommet de l'appareil, surtout parmi les responsables de l'économie et du gouvernement. L'annonce de la déstalinisation (en février 1956, trois ans après la mort de Staline, Nikita Khrouchtchev dénonce les abus du "culte de la personnalité") précipite la crise. Officiellement, la Chine réagit en se démarquant de Moscou : Staline a commis des fautes, mais il reste un grand révolutionnaire. A usage interne, l'exercice solitaire du pouvoir qu'impliquent les initiatives de Mao est mis en cause à travers les errements de Staline. La collégialité revient à l'ordre du jour. Mis au défi, Mao cherche une échappée dans l'activisme : du haut en bas, l'appareil manque de cohésion et de flamme. Des mécontentements, des conflits se font jour dans la société ? C'est encore le cadre politique qui est en cause. Une rectification avait été programmée afin d'intégrer les transformations de la collectivisation : Mao entend que les contradictions de la société se purgent en purgeant celles du parti. Que la critique vienne de l'extérieur, en l'occurrence des intellectuels. Rappelant les Cent Ecoles de l'Antiquité, dont les

Les travaux du Grand Bond ont été précédés par ceux du "petit bond" de 1955-56. Dès cette époque, Mao s'attaque au problème des inégalités entre villes et campagnes et entre groupes sociaux. Sans renoncer au développement industriel planifié, il cherche à créer des ressources complémentaires en faisant appel à la mobilisation politique de la main-d'œuvre.
Ph © Roger Pic

débats ont formé — dans la diversité — la haute culture chinoise, que ces critiques fécondent la nouvelle Chine : "Que Cent Fleurs s'épanouissent, que cent écoles rivalisent !"

Les Cent Fleurs (1957)

Le slogan a été lancé par Zhou Enlai dès le début de 1956, afin de laisser "souffler" une intelligentsia rudoyée par de dures campagnes en 1955. Mao s'en empare à d'autres fins, en contre-attaquant là où on ne l'attendait pas en vertu du précédent stalinien : dans l'ouverture et la conciliation. Ce changement de front fait succéder à l'opposition des planificateurs celle des apparatchiks. Les premiers ont d'ailleurs eu gain de cause au printemps : mouvement des coopératives adouci, plan de douze ans ajourné malgré la proclamation par Mao (en avril) des "dix grandes relations" d'un développement équilibré. Derrière Liu Shaoqi, les dirigeants de l'appareil répugnent à lier la rectification du Parti à la mobili-

sation de la société. La déstalinisation tient Mao en échec lors du VIIIe congrès du PC (septembre 1956). Sa "pensée" n'est plus égalée au marxisme-léninisme ; le secrétariat général du parti, poste qu'il a laissé dépérir en devenant président du Comité central, est rétabli au profit de Deng Xiaoping. Mais il reprend une offensive apparemment contradictoire en s'appuyant sur la base du parti et les échelons provinciaux : défense de Staline, invocation des révoltes qui ont éclaté en Pologne et en Hongrie. Travaillée de contradictions malgré la victoire du parti et l'instauration du socialisme, la Chine ne risque-t-elle pas d'exploser à son tour ?

Pour ses opposants, le projet risque de remettre en cause une domination fragile et, dans le parti, un "style de travail" consensuel qui a fait la preuve de son efficacité. Mao juge au contraire que la société chinoise s'est suffisamment transformée pour que les contradictions n'y soient plus "antagonistes". La guerre faite aux classes naguère alliées de la Nouvelle Démocratie

"Enfin, je me sens au large" (juin 1956) : alors même que son pouvoir et ses choix sont contestés, Mao, ici en compagnie d'un groupe d'écrivains, se réjouit de renouer avec la démarche conflictuelle qu'il affectionne. Il lance les intellectuels à l'assaut du Parti dans la campagne des Cent Fleurs (1957), quitte à condamner un peu plus tard, comme "droitiers", plusieurs centaines de milliers d'entre eux.
Ph © Roger Pic

doit faire place à l'unité d'un "peuple" qui n'en reste pas moins, lui aussi, pétri de contradictions "non antagonistes". Par ailleurs, aux yeux du Mao de 1957, le pouvoir n'a pas encore dégénéré au point de créer à son tour des "antagonismes" de classes. Mao n'écarte sans doute pas la perspective d'une répression et d'une pédagogie rectificatrice qui suivraient un éventuel dérapage. Mais, parce qu'il veut séduire, le fameux discours du 12 février 1957 sur "la juste solution des contradictions au sein du peuple" applique le programme de la totalité politique yan'anaise à la Chine conquise et "socialisée". Fin avril, Cent Fleurs et rectification sont confondues. Surmontant leur méfiance, les intellectuels dûment chapitrés font pleuvoir à partir de la mi-mai des critiques qui s'en prennent rapidement à la dictature communiste. Ils s'organisent et publient en débordant les Jeunesses communistes et les "partis démocratiques" qui ont d'abord servi de caisse de résonance. Le 8 juin, le parti réplique avec la bénédiction de Mao en proclamant la "guerre de classes". Le "mouvement anti-droitier" ne s'en prend pas seulement aux opposants déclarés : c'est l'intelligentsia dans son ensemble qui est visée. La spécialisation du scientifique, du technicien ou du chercheur est dénoncée au profit d'un savoir "socialiste" fondé sur l'union du "rouge et de l'expert".

L'affirmation d'une "voie chinoise" va de pair avec l'éclatement du conflit larvé avec l'URSS. En 1957, la rencontre Mao-Khrouchtchev (ici, avec Boulganine) à Moscou est un échec qui prépare la rupture trois ans plus tard. Fort d'une diplomatie du non-alignement affirmée à Bandung en 1955, Mao proclame que "le vent d'est l'emporte sur le vent d'ouest".
Ph © Archives CDCC

Mao est l'homme de la bombe atomique, célébrée ici lors d'un essai en 1967, en pleine Révolution culturelle. Dix ans auparavant, il a rapporté de Moscou un accord secret de coopération et imposé l'option nucléaire en complément des milices mobilisées par le Grand Bond, alors qu'une partie du haut commandement souhaitait développer une armée classique s'appuyant sur une économie modernisée.
Ph © Roger Pic

La Nouvelle Démocratie n'était pas accueillante aux intellectuels : du moins légitimait-elle la spécificité de compétences qui seront désormais considérées comme un pouvoir de classe. Avant la Révolution culturelle, ces thèmes sont ceux du Grand Bond.

Les Cent Fleurs sont bien l'œil du cyclone qui porte le Bond. Autrement dit, le moment d'ouverture — mais d'ouverture des contradictions — dans l'activisme à double détente qui caractérise Mao. En 1942, il a taillé dans la fine fleur de la petite intelligentsia yan'anaise afin d'homogénéiser le laboratoire de la révolution. En 1957, l'opération a lieu en vraie grandeur, à l'échelle chinoise, l'homogénéité visée est celle de la société socialiste que Mao veut atteindre par un raccourci politique, mais selon un projet identique comportant l'attelage des intellectuels, utilisés, rééduqués, épurés de leurs brebis galeuses, au développement économique et politique du pays. Réduire ce projet à un piège de basse police fait injure à la conception maoïste du totalitarisme. Il est vrai que, vues d'Occident à la lumière inadéquate du stalinisme ou d'on ne sait quel communisme démocratique, les Cent Fleurs ont dérouté. Mais en Chine ? La contestation atteste l'autre postérité de la démocratie du 4 mai : celle qui ne s'est pas constituée en mouvement politique autoritaire et dont l'expression publique a dépendu, jusqu'à nos jours, de la faiblesse ou des manœuvres du pouvoir. Le relais des Jeunesses communistes, l'ardeur des étudiants qui mettent, comme Lin Xiling, l'exaltation maoïste de la lutte au service de leur conviction démocratique ont facilité celle de Mao. De même que les assurances données à de prestigieux porte-parole qui s'inquiétaient des précédents. Comme à l'époque des lettrés, ces contacts personnels ont beaucoup compté dans les rapports troublés de la Chine communiste avec ses intellectuels. Sans eux, on ne s'expliquerait pas qu'ils aient saisi avec persévérance la main — maoïste ou non — qui ne leur sera jamais tendue sans arrière-pensée.

Du Grand Bond (1958) aux "années noires" (1959-1961)

Entretenant le mouvement qui, à ses yeux au moins, lève les contradictions du maoïsme, Mao refait l'unité autour de lui à la fin de 1957. D'autant que les résultats du plan confirment les déceptions attendues : les aléas de la production agricole brident un essor industriel qui ne fournit pas assez d'emplois et de ressources aux citadins ; le déferlement démographique — à la paix s'ajoutent les effets sanitaires du quadrillage politique — annule la croissance en termes individuels de revenu et de ration alimentaire. Comme les réticences "économistes", la terreur antidroitière fait taire les partisans de l'endiguement qui se sont manifestés lors des Cent Fleurs. Débarrassé des opposants, Mao peut "bondir". Le plan de douze ans renaît de ses cendres, les coopératives sont relancées. 1957 a lavé l'affront de 1956 ; 1958 révèle l'immense pouvoir que vaut au Président son influence auprès des activistes de la ba-

LES COMMUNES POPULAIRES (1958)

Les communes populaires instaurent une société d'un genre différent. Familles, lopins privés et maisons sont abandonnés par une population regroupée par milliers ou dizaines de milliers en dortoirs collectifs, nourrie en réfectoires, rémunérée intégralement et égalitairement en points-travail (dont la valeur dépend des résultats de la commune). Equipes et brigades (les anciennes coopératives inférieures et supérieures) distribuent les tâches, les rations et les points-travail. Elles organisent une rotation entre les travaux des champs, les chantiers collectifs, l'atelier ou la petite usine, la formation politique et militaire. Car les communes sont polyvalentes. Elles lèvent les milices (plus de deux cent millions d'hommes en 1959) avec lesquelles Mao compte tenir tête à l'"impérialisme de papier" des Américains, en même temps qu'elles sont la deuxième "jambe" du développement. Ces "deux jambes" ne sont pas seulement l'industrie et l'agriculture, la ville et la campagne. En économie comme en politique, dans les villes comme dans les campagnes, la voie maoïste n'est pas suppression de la "jambe" stalinienne, mais complément mobilisateur : l'économie de commande devenue économie activiste. La mobilisation des ressources locales est d'abord celle d'une main-d'œuvre décrétée inépuisable et malléable : la "page blanche" dont Mao vante la disponibilité. Son activation ne vise pas seulement les grands travaux. Il faut produire davantage. Le symbole de la production socialiste étant l'acier, des petits hauts fourneaux conçus de bric et de broc poussent comme autant de preuves du zèle des autorités locales. En ville, où les communes ne seront formellement introduites qu'en 1959, la production est réorganisée avant la population. Les entreprises, les quartiers ouvrent des ateliers de fortune, des écoles professionnelles. Intellectuels et cadres sont envoyés en *xiafang* aux travaux des champs. Mais l'autre jambe n'est pas en reste : les importations de biens d'équipements bondissent, les grands projets industriels sont activés, les villes se gonflent de ruraux attirés par les chantiers... ■

se, qui entraînent bon gré mal gré la population. Attisée d'en haut, l'émulation locale accentue les rivalités factionnelles. Durant la morte-saison de 1957-1958, certains cadres provinciaux, comme au Henan, lancent des travaux d'irrigation à grande échelle en "mettant la politique au poste de commandement" et en "comptant sur leurs propres forces" — sans financements centraux, en réquisitionnant la paysannerie. Cette gigantesque mobilisation les conduit à improviser des institutions nouvelles, des "grandes communes" bientôt nommées "communes populaires", auxquelles Mao donnera son approbation en août 1958.

Les objectifs du deuxième plan sont revus à la hausse, les organismes centraux de l'administration économique sont mis en sommeil : la nouvelle politique devient "grand bond", la révolution affirme son caractère "ininterrompu". Le dépérissement de l'Etat est programmé — l'unité de l'ensemble chinois activé s'exprimant désormais dans la seule dimension politique. Cette for-

Afin de doubler la production d'acier et dépasser la Grande-Bretagne (alors troisième puissance économique du monde), la Chine se couvre de forges improvisées. Les statistiques s'envolent, mais l'acier de mauvaise qualité s'entasse inutilement, alors que les paysans épuisés n'ont plus la force d'engranger les récoltes et sont frappés par la famine (1960-61). Malgré les efforts déployés, la production, en pleine désorganisation, ne dépasse guère le niveau de 1957.
Ph © Archives CDCC

ce "morale" met la Chine en situation de rattraper non seulement l'Occident — selon le fantasme ancien du raccourci indolore vers le développement —, mais aussi l'URSS. En montrant qu'il est capable de brûler les étapes à l'aide d'une révolution dans le socialisme, Mao lance un défi à la transition tranquille au communisme comme à la coexistence pacifique voulues par Khrouchtchev.

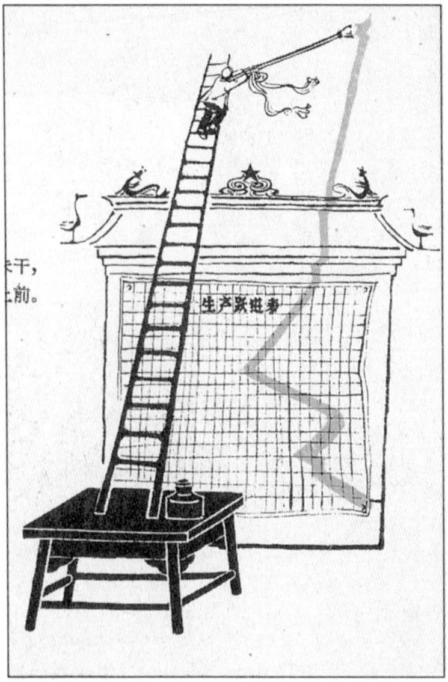

"**U**ne échelle ne suffit pas
Deux échelles et te voici au ciel
Hélas, hélas !
Ta peine tourne mal, employé des statistiques."
Cette chanson populaire de Shanghai (1959) tourne le Bond en dérision sous prétexte de s'en prendre à ses excès, comme Mao lui-même. Le genre satirique sera l'arme favorite de ses adversaires de l'après-Bond.
Ph © Archives CDCC

Le drame se noue pendant l'été 1958, alors que Mao fait monter la tension avec Taiwan, Washington... et Moscou (qui ne suit pas) en bombardant les îlots tenus par les nationalistes à quelques encablures des côtes du Fujian. Les prévisions sont gonflées à partir de données faussées par la base... qui répond comme elle le peut aux attentes du sommet. Un mirage statistique confirme le miracle attendu... en l'absence des statisticiens et autres experts de la planification, qui ont été envoyés "à la base". Exceptionnellement bonne, la récolte de 1958 renforce l'intoxication collective. Dès l'automne pourtant, la réalité commence à se faire jour. Les paysans épuisés n'ont ni le temps ni la force d'engranger la moisson : elle pourrit sur place. L'acier des forges rurales est inutilisable, mais socs de charrue et ustensiles de cuisine ont été fondus. Pagaille et disette s'installent. Ces difficultés ramènent un semblant de raison. Les cadres sont rappelés à l'ordre, certains objectifs sont révisés à la baisse, les systèmes d'encadrement centralisés sont remis en œuvre. Mao perçoit la fuite en avant des chiffres, freine l'ardeur des zélotes qui l'entourent (Chen Boda voulait abolir la monnaie !). L'homme de pouvoir qui veille dans l'utopiste sait opérer un rétablissement politique : il prononce la rectification des communes et décide d'abandonner la présidence de la République à Liu Shaoqi (décembre 1958-avril 1959).

Mais alors que s'amorce un recentrage qui eût peut-être évité le pire, Mao doit faire face à une attaque en règle venue de Peng Dehuai qui échoue au plenum de Lushan (juillet-août 1959 : voir encadré p. 127). La défaite de l'adversaire est cette fois le contraire d'une providence. En apparence, Lin Biao ayant remplacé Peng au ministère de la Défense, le cercle s'est reformé. En réalité, les barons se rendent complices de l'éviction de l'un des leurs et de la relance vengeresse du Bond, enchaînement fatal qui les conduira à se dresser contre Mao, c'est-à-dire à la position de Peng Dehuai, mais sur une montagne de cadavres : ceux des victimes — 15 ou 30 millions ? — que fait l'extension de la famine causée par la reprise du Bond en 1959-60. L'armée repousse les millions de paysans qui fuient les communes. Des millions d'autres, attirés par le "boom" de

LE DÉFI DE PENG DEHUAI

Si l'échec du Bond suscite des critiques dès février 1959, l'attaque de Peng Dehuai (mars-avril) est plus grave. Porte-parole d'une conception classique de l'armée s'appuyant sur une économie moderne, il récuse la ligne maoïste dans sa totalité (archaïsme désordonné du Bond pour l'économie, couple milices-bombe pour la défense), comme il avait dénoncé au Jiangxi l'esprit "grenouille" de Mao. Et derrière la ligne, c'est le pouvoir personnel qu'il accuse, en critiquant ouvertement la manière dont Mao a abusé de sa position privilégiée. Sachant depuis son duel avec Wang Ming que la fausse humilité est la meilleure défense, Mao appelle à la libre discussion dans le parti, cite en exemple les anciens mandarins qui ont osé dire la vérité, tel l'illustre Hai Rui des Ming (1515-1587), destitué après l'envoi d'un mémoire critique au trône. Lui-même, ou Zhou Enlai, commande à l'historien Wu Han, adjoint du maire de Pékin Peng Zhen, un récit inspiré de cette histoire. Il faut oser être Hai Rui, l'empereur saura montrer qu'il est bon — la destitution étant là pour rappeler que les critiques ne sauraient attenter au modèle de direction parfaite qu'il incarne. Mais Peng Dehuai ne respecte plus les rites. Tout en ménageant les formes, c'est bien la direction de Mao qu'il attaque lors des grandes assises estivales du régime en juillet-août 1959 à Lushan, au Jiangxi. Mao, qui l'a pressé de s'y rendre (pour vider l'abcès ?), doit affronter de vifs sentiments anti-Bond. Il n'en retourne pas moins la situation avec sa maestria coutumière. Feignant de croire à un complot, il menace : "Si vous ne me suivez pas, je lèverai une autre Armée rouge..." Il s'autocritique aussi, mais pour montrer que ses erreurs sont celles de Marx et de Lénine (dont il a vu les brouillons raturés à Moscou)... et celles du parti, cadres et dirigeants, qui se sont mouillés jusqu'au cou dans le Bond : "J'ai causé un grand désordre et j'en suis responsable. Camarades, vous devez aussi analyser vos propres responsabilités, vous vous sentirez mieux après avoir pété et vidé vos boyaux... Cela nous a coûté cher, mais nous avons lâché le vent communiste et nous avons permis au peuple d'apprendre une leçon." ■

Maréchal et ministre de la Défense, Peng Dehuai est l'ennemi intime de Mao depuis les années 30. C'est lui qui a suggéré, en 1956, de détrôner sa pensée. Trois ans plus tard, il se dresse contre le Bond : on force les paysans à "battre le gong avec des concombres", il faut "construire le socialisme, pas s'en vanter". Destitué en 1959, il sera persécuté pendant la Révolution culturelle. Sa réhabilitation (1978) donnera le coup d'envoi de la démaoïsation.
Ph © Archives CDCC

Parmi les images pieuses du rituel "retour à la base", celle-ci, prise sur le chantier d'un barrage près de Pékin en 1959, associe Mao à Peng Zhen, le maire de la capitale. Devenu le fer de lance de la fronde antimaoïste du début des années soixante, Peng Zhen sera la première victime de marque de la Révolution culturelle, à laquelle il survivra pour devenir l'un des principaux partenaires de Deng Xiaoping dans l'après-Mao.
Ph © Archives CDCC

1958-1959, sont chassés des villes, en même temps que de nombreux intellectuels et cadres : le désastre des "années noires" est dissimulé au fond des campagnes. L'après-Lushan est le grand tournant de l'après-1949. Pourquoi les barons ont-ils répété l'erreur des vieux bolcheviks en ne déposant pas un Mao plus ébranlé que ne l'était Staline à la veille de la Grande Terreur ? La guérilla dont les menace Mao ? Ils n'y croiront pas encore en juin-juillet 1966, quand Mao fera éclater la Révolution culturelle sous leur nez : manque d'imagination politique. Loyauté, aussi, et rivalités : en donnant la présidence de l'Etat à Liu Shaoqi, Mao a remis dans son jeu une vaste clientèle d'apparatchiks éprouvés par la tourmente, tout en jouant un camp contre d'autres prétendants au poste, notamment parmi les militaires. N'oublions pas la coresponsabilité. Enfin, la crise de Lushan se produit dans un pays que sa politique agressive accule à l'encerclement : après les Etats-Unis et Taiwan, l'Inde, l'URSS... Khrouchtchev s'est emparé de l'échec du Bond pour mener sa croisade contre Pékin. Rien ne dit que Peng Dehuai l'ait mis sur la voie lors de sa visite en URSS au printemps 1959, mais l'ombre de Moscou, fatale à Gao Gang comme à Wang Ming, a pesé sur son image. Aveuglement, patriotisme de parti, patriotisme tout court : rien n'a manqué pour rendre exorbitant le prix dont les Chinois ont payé la "leçon" infligée par Mao.

Echec au despote (1962-65)

En 1960-61, la catastrophe diffère le règlement des comptes. Les difficultés sont mises au compte des intempéries, du retrait des techniciens soviétiques par Khrouchtchev à l'été 1960 (en réalité le chaos du Bond les a mis hors jeu dès 1958). Discrètement, cependant, ceux qui prennent en charge les affaires — Liu, Deng, Chen Yun, le maire de Pékin Peng Zhen, Zhou Enlai — s'engagent dans la voie "révisionniste" que Mao va bientôt combattre en rebelle non repenti. Abandon *de facto* des communes au profit des équipes, contrats avec les foyers paysans, restauration des "stimulants matériels" (primes, salaires hiérarchisés) et de l'autorité des spécialistes dans les entreprises, rétablissement de l'administration économique et du plan, auquel sont adjoints certains mécanismes de marché : les premières réformes de l'après-Mao, tout comme ses premières dissensions, sont en germe dans ce "réajustement". Alors que Chen Yun veut un peu de marché, moins d'industries lourdes et d'accumulation, plus de consommation, les planificateurs l'emportent quand Zhou Enlai annonce (1964) une stratégie des "quatre modernisations" faisant la part belle à l'économie de commande orthodoxe. Du moins les antimaoïstes s'accordent-ils pour admettre une rationalité de l'économie au-dessus de la lutte des classes et du volontarisme. Deng Xiaoping, qui les rassemblera sous sa houlette en 1978, donne un tour particulièrement pragmatique à cette conviction en 1962 : "Peu importe que le chat soit noir ou blanc pourvu qu'il attrape les souris."

Les attaques politiques ont plu dès que la famine a lâché prise. En janvier 1962, une assemblée des sept mille plus hauts cadres du parti et de l'Etat entend les explications officielles sur le Grand Bond. Liu incrimine

En 1959, la révolte du Tibet est durement réprimée par Peng Dehuai, aux yeux duquel elle accroît le danger d'explosion de la Chine elle-même. Celle-ci a occupé en 1950 la marche tibétaine que les Qing avaient vassalisée au début du XVIIIe siècle. Après 1959, les incidents ont été plus limités, jusqu'aux manifestations de ces dernières années, elles aussi réprimées dans le sang.
Ph © Wu Miao/Ana

les erreurs humaines (70 % des torts contre 30 % aux facteurs naturels), mais ces torts sont ceux de la collectivité. Peng Zhen accuse plus explicitement Mao : celui qui sera la première victime de marque de la Révolution culturelle a fait publier dans la presse pékinoise des allusions satiriques au Grand Bond et à la désinvolture de Mao dès 1961. Wu Han, l'auteur du *Hai Rui* commandé en 1959 par Mao pour désamorcer les critiques de Peng Dehuai (voir encadré p. 127), écrit une pièce qui, cette fois, charge le mauvais empereur. Un dessin animé caricature le fameux singe Sun Wukong, personnage du *Voyage vers l'Ouest* (l'un des romans lus et relus par Mao), prompt à se lancer à l'assaut des palais du ciel mais si insouciant des conséquences de ses actes que Bouddha lui-même doit l'assagir... En juin 1962, Peng demande sa réhabilitation.

Contraint par la trêve des morts de s'en tenir à la guerre des mots, Mao confie à des poèmes sa certitude d'avoir raison avant les autres, contre les autres : “Aujourd'hui, acclamons Sun le Grand Sage/Car nous reviennent des nuées malfaisantes.” Mais il ne ronge pas longtemps son frein. En 1962, la Chine va mieux. Dès l'automne, il part en guerre contre les médecins en lançant un “mouvement d'éducation socialiste” : “N'oubliez pas la lutte des classes.” Une lutte qui, désormais,

***L**'un des effets de la lutte entre les deux lignes — pragmatiste et volontariste —, qui fait rage avec le “mouvement d'éducation socialiste” lancé en 1962, est la multiplication des modèles et des rituels d'imitation. L'armée fait circuler le* Petit Livre rouge *de Mao, afin de concurrencer le* Bon communiste *de Liu Shaoqi, qui connaît un regain de diffusion grâce à l'appareil du parti.*
Ph © Roger Pic

concerne le parti autant que la société : la "ligne révolutionnaire" de Mao s'oppose au révisionnisme de ses adversaires. La rupture avec l'URSS (1960) lui a donné l'occasion de fourbir cette arme contre l'URSS de Khrouchtchev (et aussi contre la Yougoslavie de Tito) avec l'aide d'un *brain trust* de théoriciens activistes. Mais la dénonciation personnelle des "révisionnistes" chinois sera différée jusqu'à la Révolution culturelle, dont elle marquera le déclenchement. Auparavant, la "lutte entre les deux lignes" reste un combat feutré — et difficile à interpréter — à l'intérieur de la haute bureaucratie. Jusqu'à quel point le pouvoir de Mao est-il entamé ? L'appareil a-t-il voulu ou subi le "mouvement d'éducation socialiste" ? Toujours est-il qu'il l'utilise de manière autoritaire afin de ranimer une autre victime du Bond : la discipline des cadres et de la population, tandis que Mao sort du cadre conventionnel de la rectification. Liu malmène les échelons inférieurs du parti ? Mao les exonère ; c'est la direction qui n'a pas suivi la "ligne juste". Les thèmes qu'il lance : s'opposer aux "détenteurs du pouvoir qui suivent la voie capitaliste", former une génération de "successeurs révolutionnaires" s'imposent comme la norme du parti ; ses adversaires ne peuvent faire autrement que de s'y référer. Mais les cadres ne retrouvent pas leur enthousiasme. Après les ruptures du Bond, les signes contradictoires venus d'en haut achèvent de les démobiliser. Les réflexes localistes se généralisent, le factionnalisme à la base se détache des enjeux idéologiques et des luttes

A *partir de 1962, Jiang Qing prend une importance croissante au "quartier général" du Président, aux côtés de Chen Boda, le secrétaire-idéologue. C'est l'armée de Lin Biao qui appuie la réalisation des indigents "opéras révolutionnaires" — ici, le* Fanal rouge *— grâce auxquels Jiang Qing porte le fer dans les milieux culturels.*
Ph © Roger Pic

Greffée en 1964 sur le "mouvement d'éducation socialiste", la Révolution culturelle déclenche des envois d'intellectuels à la campagne, l'un des moyens inventés par Mao pour remédier au danger de dégénérescence qu'il a diagnostiqué dès 1949 : après les "balles enrobées de sucre de la bourgeoisie" (la corruption au temps de la Nouvelle Démocratie), les "ennemis sans armes" (autrement dit les révisionnistes) ont pris la relève pour corrompre la jeune génération.
Ph © M. Riboud/Magnum

pour le pouvoir au sommet : en germe dans les années cinquante, ces dérives prennent une allure irréversible qui conduira à la décentralisation actuelle, clé de voûte de l'après-Mao et de la décollectivisation. Aussi l'imitation des modèles idéologiques tient-elle d'un rituel souvent vide d'adhésion réelle.

Celui de Mao s'incarne dans la brigade de Dazhai (au Shaanxi), dont la fameuse autosuffisance doit beaucoup à l'aide discrète du principal bastion maoïste : l'armée. Lin Biao y orchestre un retour à Yan'an : éducation politique, abolition des grades (les rites en tiennent lieu...), défense populaire (les milices) et "jambe" nucléaire (mais les rodomontades de "Vive la guerre victorieuse du peuple" — l'encerclement mondial des villes par les campagnes, dont le schéma remonte à Boukharine — resteront sans effet au Viêt-nam). Jiang Qing sort de l'ombre en réformant le théâtre destiné aux soldats. C'est par le biais des "opéras révolutionnaires" que la culture est spécifiée comme un enjeu crucial de l'affrontement entre "voie capitaliste" et "voie prolétarienne". La décision de lancer une "révolution culturelle" est prise en 1964. L'appareil n'y souscrit que dans la perspective qui lui est propre, en se faisant fort de verrouiller les initiatives du Président : car Mao n'avance qu'en faisant du surplace. Ses directives ne sont plus appliquées... quand il est consulté. Mais s'il est mis en échec, il est loin d'avoir perdu tout pouvoir. Sans compter l'armée (qui cependant n'est pas tout acquise à Lin Biao), il semble qu'il n'ait pas perdu le contrôle de la diplomatie. Zhou Enlai, Kang Sheng l'ont ménagé (avant d'appuyer la Révolution culturelle), sa garde personnelle — sorte de service de sécurité et de renseignements bis — le tient informé de tout. Il n'est cependant qu'un chef de clan dans un système qui s'est factionnalisé de part en part. Ses initiatives ne lui valent qu'une sorte de ministère de la Parole sans conséquences pratiques.

Le tandem Mao-Liu Shaoqi — l'activisme et l'appareil — a été le pivot politique des victoires du maoïsme. Malmenée de 1955 à 1957, l'alliance s'est refaite en 1958 avec le Grand Bond et a survécu à l'affaire Peng Dehuai. Mais pas à la famine des "années noires", qui brise la coalition de Yan'an en opposant un camp du pragmatisme au volontarisme de Mao.
Ph © Archives CDCC

Le caractère symbolique du pouvoir qu'on lui consent : voilà ce dont Mao ne saurait se satisfaire. Il récuse l'opposition faite entre l'autorité collégiale légitime et son despotisme personnel : dès lors que le pouvoir dénature l'engagement activiste des autres dirigeants, n'est-il pas juste et nécessaire qu'il l'exerce seul, si besoin contre eux ? Que Liu Shaoqi lui coupe la parole au Bureau politique en janvier 1965, ou que Deng, le même jour, lui suggère de ne pas venir le lendemain (il vient, la constitution du parti ouverte à la page où figure le droit de chaque membre à la liberté d'expression), voilà, selon lui, la bourgeoisie en passe de prendre le pouvoir. Et voilà, surtout, la peur du complot. Celui qui a renversé Khrouchtchev en 1964 le tourmente. En octobre 1965, il s'interroge devant une assemblée de cadres locaux : que faire s'il y a un Khrouchtchev chinois (lequel, en l'occurrence, jouerait le rôle de Brejnev) ? Se rebeller. Dans la grande dispute, Mao a bousculé la "Table ronde", affirmé sa tyrannie et ranimé la révolution sans sortir de la perspective tracée à Yan'an : la mise en œuvre de sa "voie" s'est fondée sur l'activation du parti, non sur sa destruction. Le voici aveuglé par l'obstination et la suffisance qui lui ont fait relancer le Bond. Ces deux conseillères de la conquête sont devenues ses démons.

Chapitre 7

L'EMPIRE BRISÉ

1966-1976

EN 1966, MAO DÉCLENCHE UNE RÉBELLION POPULAIRE POUR REPRENDRE LE POUVOIR. L'ÉCHEC DE LA RÉVOLUTION CULTURELLE EXPLIQUE LE SUCCÈS DES RÉFORMES ENTREPRISES, APRÈS 1978, PAR DENG XIAOPING, MAIS L'AVENIR RESTE EN SUSPENS...

Offrir à la révolution éternelle le trône reconquis eût été une belle fin. Mais Mao contre le parti reste Mao tacticien du pouvoir : c'est celui des autres qu'il attaque. Ne l'imaginons pas romantique avide de retour aux sources pures. Le rebelle arborant uniforme de l'APL et brassard de Garde rouge caricature les contradictions maoïstes : complots et manœuvres l'emportent sur les grands desseins, la soif d'ordre sur la soif de rébellion, la participation populaire tourne à la violence générale. Face au désordre, l'empereur opère un retour sanglant. Son grand œuvre n'en sombre pas moins dans un factionnalisme dévorant dont sa mort sera le seul antidote. Comme la silhouette hagarde du vieil homme enfoncé dans le silence après la clameur des années de feu, l'Empire reconquis est un empire brisé.

L'invitation à la révolution ou le traquenard : c'est ainsi, d'abord, que Mao joue sa partie contre le parti. Jusqu'au soulèvement scolaire de mai 66, la reconquête des institutions progresse sur le terrain des factions. Les premiers piégés sont Peng Zhen et les responsables de la culture. En novembre 1965, Mao fait publier une dénonciation politique du *Hai Rui* de Wu Han à Shanghai, où il prend ses quartiers d'hiver. Président volontairement inactif du groupe chargé de la Révolution culturelle décidée en 1964, Peng dévie le coup en se saisissant du dossier. Wu Han est exonéré en février 1966 : il n'a pas cherché malice politique, ses erreurs sont académiques. Mao part en guerre contre ces Thèses de fé-

En 1966, Mao jette dans sa guerre contre les hommes de l'appareil la jeune génération des collèges et des universités qu'il appelle à "refaire" la révolution : les Gardes rouges répondent à son appel avec un fanatisme et une violence qui conduiront aux désordres sanglants et à la réaction de 1967-68. Si la divinité se mesurait à l'enthousiasme des foules, Mao, assurément, eût alors été dieu...
Ph © Roger Pic

La première flambée de la Révolution culturelle,au printemps 1966, embrase les écoles et les universités : les règlements étouffants, les passe-droits d'une sélection impitoyable, les dossiers politico-scolaires manipulés par une administration élitiste qui se confond avec le parti deviennent la cible de rébellions enhardies par l'auguste approbation venue d'en haut…
Ph © Roger Pic

vrier. Le 16 mai, il prononce en Bureau politique leur annulation, la destitution de Peng Zhen, désigne un nouveau groupe de Révolution culturelle (avec Chen Boda, Jiang Qing et Yao Wenyuan, le rédacteur jusqu'alors obscur du fatidique libelle de novembre) et dénonce les capitalistes infiltrés au sommet du parti : un second piège s'ouvre.

Le retour du rebelle (1966)

Le 25 mai, une enseignante de l'Université de Pékin affiche un *dazibao* : haro sur la politique élitiste du recteur, les résultats scolaires et la science étrangère. D'autres attaques contre l'académisme, le savoir "bourgeois" et leurs suppôts suivent bientôt, campus et collèges s'agitent : Mao a salué le dazibao de Beida ; la presse reconquise appelle la jeunesse à "balayer monstres et démons" à l'image du singe Sun Wukong. De même que Jiang Qing a fait agir Yao Wenyuan en novembre 1965, de même le dazibao du 25 mai a été inspiré par l'épouse de Kang Sheng, d'abord hésitant puis rallié à l'offensive maoïste en février, quand il en a compris la portée. Ces manipulations originelles résument la double nature de la Révolution culturelle : d'un côté, des rébellions enthousiastes contre une société corsetée, aux hiérarchies rigidifiées ; de l'autre, la lutte pour le pouvoir et le cynisme des factions. Mao loue la pureté, la disponibilité des jeunes : comme Chen Duxiu. Mais la ressemblance s'arrête là : la poussée de mai-juin 66 ne témoigne pas d'un esprit de concorde sociale. Elle annonce, à l'image de la société maoïste, ce que sera le mouvement des Gardes rouges à partir de juillet : massif, politisé, terroriste et désuni. La violence se retourne d'emblée contre ses propagateurs ; ils se divisent en factions hostiles de Gardes rouges.

Le désordre inquiète l'appareil. Liu Shaoqi consulte le Président : le moment n'est-il pas venu d'envoyer des équipes de travail ? Pense-t-il que Mao se satisfera d'une vengeance de faction (l'élimination de Peng Zhen) après avoir lâché quelque "vent" activiste ? Toujours est-il qu'après un "peut-être, peut-être pas" sibyllin, chef-d'œuvre de l'impériale duplicité, l'appareil se met en branle avec

LA TEMPÊTE DES GARDES ROUGES

Mao appelle la "génération des successeurs" à s'aguerrir dans la lutte réelle, concrète, à "faire la révolution" : il ne veut plus connaître d'éducation que politique, fondée sur l'expérience violente d'une confrontation personnelle avec l'autorité. Le culte mimétique du chef et de son parcours historique déclenche dans tout le pays d'effrayants meetings de lutte rappelant la réforme agraire. Démasquant les "capitalistes" parmi les autorités, traquant les rescapés de l'ordre ancien et les réprouvés du nouveau, les Gardes rouges mettent en accusation professeurs, administrateurs, cadres, anciens patrons ou propriétaires, droitiers et autres ennemis politiques du régime, qui sont tirés de l'oubli ou de leur prison, contraints d'avouer des fautes imaginaires, dix, vingt, cent fois punis, battus, brisés. Les adversaires de Mao, quand ils ne sont pas voués à la haine des hauts dirigeants eux-mêmes (comme Liu Shaoqi et Peng Dehuai, qu'on laissera mourir à petit feu, le premier en 1969, le second en 1974), ou protégés par des factions antimaoïstes (comme Deng Xiaoping l'a été dans le Sud), sont leurs cibles de choix : Li Lisan, parmi beaucoup d'autres, perd la vie en 1967. Les statuts de classe reprennent une importance vitale. Les membres de la "neuvième catégorie puante" (les intellectuels) sont affectés à des tâches humiliantes. Détruits aussi les témoins artistiques du passé — temples, statues, rouleaux, livres — dans une chasse aux "vieilleries" ordonnée par le Grand Educateur d'un pays où écoles, bibliothèques et musées ferment pour longtemps… La trombe se déplace d'une ville à l'autre, d'une province à l'autre. Les provinciaux font le pèlerinage de Pékin afin de recevoir l'onction du Grand Timonier en d'immenses rassemblements fanatisés. La place Tian'anmen devient un Nuremberg rouge au cérémonial soigneusement agencé.
Celui du 18 août s'ouvre à l'aube par l'apparition du Grand Soleil rouge, Grand Educateur, Grand Timonier, Grand Dirigeant, Commandant Suprême, "empereur de bronze" (Malraux) immobile quand tous autour de lui agitent le *Petit Livre rouge*…
Les Pékinois vont "échanger des expériences révolutionnaires" en province.
D'août à novembre 1966, la déferlante submerge la capitale et désorganise les transports. Zhou Enlai et ses fonctionnaires s'acquièrent d'utiles mérites pour la suite en maintenant un semblant de logistique… ■

son efficacité coutumière. Rentré à Pékin le 18 juillet, Mao n'a plus qu'à dénoncer le complot contre les "masses" et à relancer l'agitation. Il prend le brassard des Gardes rouges, rédige en séance du Bureau politique son propre dazibao — "Feu sur le quartier général!" —, édicte le 8 août la charte de ce qui devient la grande Révolution culturelle prolétarienne, résumée le 12 : "On a raison de se rebeller." Entre-temps, Liu Shaoqi — "le

Une séance d'éducation-rééducation : des "éléments réactionnaires" s'autocritiquent, tandis qu'un Garde rouge fait la leçon. Au mur, en gros caractères : "Défendons le Centre" (à savoir la direction maoïste) ; à gauche, une citation de Mao : "Toutes les choses réactionnaires que tu ne frappes pas ne tombent pas d'elles-mêmes. C'est la même chose que le balayage. Si tu ne manies pas le balai…"

Ph © Archives CDCC/D.R.

Khrouchtchev chinois" — et Deng Xiaoping — "le dirigeant n° 2 qui suit la voie capitaliste" — sont rétrogradés ; Lin Biao monte à la deuxième place.

La tempête des Gardes rouges qui suit pendant l'été (voir encadré p. 137) désorganise le pays, mais elle ne brise pas le parti. Exploitant les rivalités qui minent le mouvement, les autorités mettent sur pied leurs propres groupes ; des enfants de cadres exploitent la pureté de leur "statut de classe" afin de protéger leur milieu. L'étendard rouge est "brandi contre l'étendard rouge", le factionnalisme se généralise. C'est alors que Mao franchit un nouveau seuil. Les Gardes rouges sont appelés à "prendre le pouvoir" en s'appuyant sur les ouvriers. La classe ouvrière réagit selon ses clivages anciens. Les titulaires défendent leur privilèges en se rangeant aux côtés des autorités. Les contractuels défavorisés s'allient aux rebelles. La surenchère économique des cadres réplique à la surenchère politique des radicaux, qui promettent d'abolir contrats et statuts de classe. En janvier 1967, ceux de Shanghai, maîtres d'une ville paralysée par la plus grande grève de son histoire, proclament une Commune de Paris aussitôt

"Eléments du gang noir" mis en accusation dans un meeting de lutte. Le long bonnet rappelle ceux dont les propriétaires étaient coiffés lors de meetings similaires, durant la réforme agraire (1946-50). Dans son Rapport d'enquête sur le mouvement paysan au Hunan (écrit en 1927), Mao louait les paysans d'avoir imaginé cet excellent moyen de renverser les rapports de pouvoir.
Ph © Archives CDCC/D.R.

récusée par Pékin : si la lutte des classes s'est installée dans le parti et dans l'Etat, tout l'appareil — tout appareil — n'est pas "antagoniste". La formule officielle des prises de pouvoir sera le Comité révolutionnaire associant rebelles révolutionnaires, cadres rééduqués et militaires. Car, autre distance, l'APL est jetée dans la bataille afin d'imposer un semblant d'ordre aux prises de pouvoir tout en soutenant "la gauche". Mais quelle "gauche" ? La politisation opérée par Lin Biao n'a pas suffi à homogénéiser l'armée ; les commandants des troupes régionales (les seules qui soient engagées) pactisent avec les autorités civiles qu'ils connaissent bien. Ces alliances sont contestées dans l'armée, qu'aspire à son tour le maelström des factions, et surtout

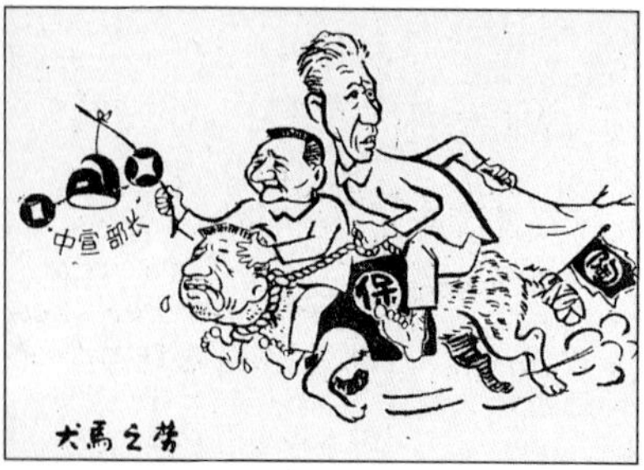

Avec la Révolution culturelle, les attaques contre le retour de la bourgeoisie sont ciblées sur les personnes et les dirigeants — ici, Liu Shaoqi, Deng Xiaoping et Peng Zhen. Liu Shaoqi meurt de mauvais traitement en 1969, un an après son exclusion du parti comme "traître et renégat". En 1967, Jiang Qing aurait fait éplucher les archives policières de la ville de Moukden (devenue Shenyang), afin de prouver la trahison : Liu y avait été arrêté et relâché par le Guomindang en 1927, comme Mao par la gendarmerie du Hunan...
Ph © Archives CDCC

parmi les Gardes rouges, dont une extrême gauche mûrie par l'expérience s'organise et s'arme afin de les contrer. Tandis que des insurrections incontrôlées font rage dans les provinces, Zhou Enlai et ses ministres sont attaqués à Pékin malgré la protection de Mao. Les arbitrages du centre, lui-même scindé, sont remis en cause. En juillet, le commandant de la garnison de Wuhan se soulève. En août, l'ambassade de Grande-Bretagne est mise à sac. La Chine serait en guerre civile si la guerre elle-même n'était pulvérisée par le chaos. Comme dans le cauchemar impérial de *Au bord de l'eau*, Mao voit se dresser une rébellion mauvaise, illégitime parce qu'elle ne menace plus de mauvais ministres, mais l'Empire. L'heure de la réaction est venue.

Le retour de l'empereur (été 1967-68)

Comme l'activisme économique du Grand Bond, l'activisme politique de la Révolution culturelle débouche sur le néant. Mais cette fois, c'est Mao lui-même qui recule devant l'abîme. Parce que lui seul échappe au "critiquer tout, suspecter tout" de la paranoïa collective qu'il a déclenchée ; il n'a donc pas à se défendre en s'obstinant. Au contraire, ce qu'il défend, c'est la différence apparue dès janvier 1967 entre le maoïsme, activisme organisé dans un cadre institutionnel, et l'anarcho-maoïsme qui s'en prend à ce cadre. Depuis 1920, à travers l'adhésion au communisme, au Guomindang, dans les synthèses du Jiangxi et de Yan'an, et jusqu'à la culmination du Grand Bond, cette organisation a été l'œuvre de sa vie. Sa réaction est à la mesure du désordre : à la fois brutale et chaotique, il lui faudra un an pour s'imposer. Dès l'été 1967, le groupe de la Révolution culturelle est purgé de son extrême gauche. En octobre ont lieu les premiers envois de Gardes rouges dans les campagnes (restées à l'écart de l'agitation) ; les écoles rouvrent. Mais la mise en place des Comités révolutionnaires — une dictature militaire déguisée à tous les niveaux — ne se fait pas sans éruptions factionnelles ni rébellions "gauchistes" — appellation des rebelles demeurés fidèles aux idéaux de 1966. Les principaux foyers de troubles sont réduits à l'été 1968 : rectification musclée des campus pékinois et, surtout, terreur anti-Gardes rouges dans le Sud, dont les rivières roulent des flots de cadavres. Fuyant napalm, artillerie lourde et milices paysannes, les réfugiés affluent à Hong-Kong. A partir de la fin 1968, la répression s'élargit en déportation préventive : année après année, jusqu'à la disparition du Timonier, le régime va prélever son tribut sur la jeunesse des écoles en envoyant les diplômés s'aguerrir aux champs. Rejetés par les paysans — qui voient en eux des bouches supplémentaires et des bras inutiles —, beaucoup mèneront une vie misérable, déchirés entre l'espoir d'un retour à la ville et la désespérance d'une foi bafouée. Certains tenteront de comprendre. La "littérature de la cicatrice" venue avec l'après-Mao s'abreuve à ces sources, tout comme le renouveau de la protestation démocratique.

Thermidor et 93 ensemble : voilà Mao, tel qu'en lui-même... Non point despote usé, tyran dénaturé, mais tout d'un bloc, d'une seule venue dans ses contradictions. La Révolution culturelle ne fait qu'en varier les thèmes. Elle allume sous l'ordre établi une poudrière de rancœurs et de frustrations en mettant l'accent sur l'héritage rebelle du début du siècle : sens de l'épreuve héroïque personnelle, confrontation violente avec l'autorité, lutte des classes ramenée à l'affrontement bipolaire du prolétariat et d'une bourgeoisie qui n'est pas une "nouvelle classe" analysée socialement — une classe au pouvoir —, mais le pouvoir. C'est pourtant une crise sociale qu'exploite Mao. Même s'il n'écrit pas sur une page blanche, comme il s'en vantait à l'époque du Bond — paysans et cadres, après les intellectuels, ont perdu leur disponibilité —, il mobilise, outre les jeunes, les laissés-pour-compte

En janvier 1967, activistes maoïstes et cadres de l'appareil se disputent la base ouvrière à Shanghai. La victoire des premiers aboutit à la création d'une Commune, calquée sur le modèle de la Commune de Paris (1871). Mais Mao n'accepte pas cette forme insurrectionnelle de pouvoir : le mouvement qu'il a lancé, en butte dès l'origine aux luttes de factions, échoue sur le terrain du pouvoir politique et des luttes sociales.
Ph © Archives CDCC

Quand les cadres du Nord ont pris possession du Sud au début des années cinquante, Hua Guofeng a été nommé à Shaoshan et Xiangtan : cette chance a fait sa carrière. Après avoir écrasé les anarcho-maoïstes du Hunan, il monte à Pékin, quand Mao et Zhou Enlai entrent en conflit avec Lin Biao (1970-71). Devenu chef des services de sécurité, il est le principal pilier du maoïsme crépusculaire et le dauphin choisi par Mao.
Ph © Archives CDCC

d'une mutation sociale qui a fini par connaître à son tour la sclérose du système politique. La polarisation des factions, au début des années soixante, coïncide avec le ralentissement de la mobilité liée à l'instauration du socialisme : villes fermées, industrie peu productrice d'emplois qualifiés, carrières figées — les nantis accaparent les promotions scolaires, professionnelles, administratives et politiques. En accentuant dans l'après-Bond un tassement et des tensions aussi incurables qu'inévitables — l'échec du Bond était là pour le prouver —, les pragmatistes ont donné à Mao l'occasion d'entraîner une partie non négligeable de la société urbaine dans un authentique mouvement social : une révolution dans le socialisme.

Dans le socialisme, pas dans le pouvoir, ni même dans l'idée que Mao se fait d'une organisation plus parfaite : sous cet angle, l'ultime incarnation de sa révolution échoue comme impossible artifice. Une révolution logée dans un système totalitaire — ce que reste le système maoïste —, non tournée contre lui, voilà l'impasse.

Mao n'a pas voulu, banalement, régner sur la révolution. Il a voulu régner par elle. Toute sa différence est là, mais aussi sa limite. Il a cru trouver entre politique institutionnelle et politique activiste une complémentarité qui résolvait un dilemme fondateur pour lui comme pour son héritage — celui du communisme tout autant que celui de la culture politique chinoise. Les dynamiques sociales livrent-elles l'Histoire ? Est-ce au contraire l'hégémonie politique qui la fabrique ? L'ambiguïté était chez Marx, Lénine l'a évacuée : pouvoir et institutions pouvaient, selon lui, franchir les barrières des “situations objectives”. Dès les années vingt, Mao donne cette forme au volontarisme qu'il partage avec sa génération. Il rétablit pourtant l'ambiguïté marxienne, non certes du point de vue des dynamiques sociales — dont son action rurale constate au contraire l'absence ou la précarité

—, mais, précisément, par ce qui est censé les relayer : leur activation dans un espace politique *ad hoc* forgé par le pouvoir. Yan'an a donc prétendu réconcilier le cadre et le militant, en surmontant du même coup les contradictions léguées par l'héritage rebelle aux révolutionnaires du XXe siècle. Mais le maoïsme désagrège et découpe la société selon les règles du totalitarisme communiste, même s'il lui fait jouer la partie inédite de l'activisme de masse. Dans sa dualité — domination et mobilisation —, il s'est avéré d'une efficacité remarquable pour la conquête politique de la Chine entre 1936 et 1964. Le mélange n'a plus si bien convenu aux problèmes du développement économique et des rigidités de la société socialiste. De plus en plus tyran, de moins en moins suivi, Mao a dû passer d'un pôle à l'autre du maoïsme en prenant des virages abrupts qui ont brisé le cercle des preux, l'enthousiasme des cadres et la confiance populaire qui avaient fait de lui, dans les années cinquante, l'empereur largement accepté d'une Chine réhabilitée dans sa grandeur. La tyrannie démultipliée de la Révolution culturelle illustre ce mariage inévitablement trahi de la rébellion et du pouvoir absolu, rançon monstrueuse du rêve activiste de la totalité — d'une conception de l'émancipation qui ne s'est guère

Promue gardienne de la Révolution, la jeunesse "déçoit" (Mao dixit en 1968) dès l'instant où elle ne suit plus aveuglément les consignes du Centre : c'est à son tour d'être rectifiée par les travailleurs, les soldats et surtout par les paysans. L'envoi des "jeunes instruits" dans les campagnes se généralise à partir de 1968. Les allures militantes de ces départs cachent un exil systématique que beaucoup vivront avec désespoir et colère.
Ph © Roger Pic

souciée de limiter le pouvoir des émancipateurs. Mao, fils indigne d'une certaine idée chinoise de la démocratie, a montré par l'absurde le caractère illusoire de cet idéal aux intentions si pures. Il a tué le rêve chinois de la démocratie parfaite : détour ou pas — si l'on pense à la trajectoire des autres totalitarismes —, l'échec, au bout du compte, est le même, le divorce aussi. Si cruelle qu'elle ait été, ce n'est pourtant pas une "leçon" qu'il avait l'intention d'infliger. Le peuple chinois a dû la tirer lui-même de sa propre expérience.

A Staline, le gestionnaire d'une terreur sombre et planifiée, le Timonier oppose son caractère d'idole solaire offerte à l'adoration des foules. Sciemment exalté par les hiérarques de Yan'an afin de faire pièce à Chiang Kai-shek, le culte de la personnalité s'est incrusté dans les mœurs au cours des années cinquante. Au moment de sa rupture avec Lin Biao (1970-71), Mao affectera de rendre son ex-dauphin responsable de ces excès...
Ph © Archives CDCC

La rupture (1969-76)

Le bilan des "dix années de calamités" (1966-1976) reste à écrire. Une chose est certaine : la lutte des factions a fait des ravages bien au-delà de l'appareil. Les massacres dans la population civile ont eux aussi ensanglanté les rivières du sud et grossi le contingent des réfugiés à Hong-Kong. C'est d'ailleurs par cet afflux que nous les connaissons. Mais ailleurs ? Le pire, pourtant, est peut-être moins le maelström de 1966-68 que la houle, lancinante par son mélange de rituel politique automatisé et de violences bien réelles, qui agite jusqu'en 1976 une société et un système politique bloqués. L'explication de ce paradoxe — un mouvement politique perpétuel dans un pays qui régresse à force d'être condamné au surplace économique et social — tient à l'enlisement factionnel. La base — encadrement local et population —, derrière les rites vides de l'agitation politique et de la communion obligées, se recroqueville sur ses problèmes quotidiens, qui sont loin d'être résolus ou "sublimés". Mao laisse une jungle qui est aussi une friche. Quelques succès : une révolution agricole, cependant moins rouge que verte, c'est-à-dire fondée sur le renouveau des techniques et l'utilisation d'engrais (produits par les usines rurales reconverties à cet effet, mais aussi importés en grandes quantités...), un niveau sanitaire relativement élevé, reflet direct du quadrillage des campagnes. Mais la Chine connaît une forme perverse de sous-développement : une croissance industrielle

MAO : UN VIEUX FAUST ?

En 1981, Deng Xiaoping a négocié avec l'aile dure du régime post-maoïste le compromis sur une évaluation nuancée de Mao, reconnaissant au Timonier "70 % de bon" et "30 % de mauvais", ainsi que des circonstances atténuantes : Mao s'est trompé en croyant œuvrer pour la révolution. C'est, dit la résolution de juin 1981, "le tragique de sa situation". Ce terme revient presque aussi souvent que celui de "romantique". Mao, isolé dans sa détermination à continuer la révolution, fait figure de rebelle déchu ou de Prométhée enchaîné. Il est vrai que sa fin, avec la Révolution culturelle, déroule en accéléré comme un film noir de sa carrière : soldat, rebelle, activiste, plus empereur que jamais, quasi-dieu, mais aussi despote impuissant d'un pays fractionné qui le rejette, à court d'utopie — après les intellectuels, les paysans, les cadres, la jeunesse et les ouvriers, qui le suivrait ? —, otage même, à l'extrême fin, d'une camarilla de prétendants dont l'ultramaoïsme, mâtiné de loyauté aveugle chez Hua Guofeng ou de fanatisme brutal chez Jiang Qing, ne résistera pas au choc des ambitions. Mao lui-même n'a pas dédaigné de cultiver le romantisme de la rébellion. Snow, qu'il rencontre en 1970, lorsque le défi de Lin Biao lui suggère de se dissocier de certains excès, tel l'extravagant culte de sa personne, croit comprendre qu'il se compare au vagabond errant sous une ombrelle. Derrière l'image de celui qui ne connaît ni loi ni dieu se dresse celle de l'empereur dont les lois font l'égal du Ciel. Du moins Mao signifie-t-il clairement que le romantisme de l'échec n'est pas plus dans son caractère que celui du retour aux sources, de la solitude ou de la désillusion. Il n'y a pas un "avant 1949" innocent, un "après" de la découverte et des insatisfactions du pouvoir. Et si Mao exerce sans limites la volonté du conquérant, il n'a pas, contrairement à Hitler, la folie "tout ou rien" de l'autodestruction collective. Appliqué à la préservation de son pouvoir, un instinct toujours en éveil — celui du brillant tacticien qu'il fut sur le terrain des luttes factionnelles comme à la guerre — le ramène aux compromis de la réalité. Volonté et technique du pouvoir : c'est toujours à elles qu'il faut en revenir pour comprendre l'alliance de construction et de destruction qui fait l'originalité de sa démarche ; elles seules lui garantissent, au-delà des retraites, la promesse du renouveau des luttes. Mao a pu se fonder sur son expérience pour croire jusqu'à la fin à l'éternel retour de la révolution, à son perfectionnement même, par degrés : après l'échec de la République, le Quatre Mai ; après Shanghai, les Jinggangshan ; après le naufrage du Jiangxi, la Longue Marche et Yan'an ; après le désastre du Grand Bond, la première Révolution culturelle. Car, naturellement, il annonce d'autres révolutions, afin que du bilan chaque fois mitigé des luttes et des retraites naisse l'humanité nouvelle hors de la gangue historique. Le silence de la fin n'est donc pas plus abdication que déception ou contrition. Mao lègue ses luttes tandis que le maoïsme livre sa guerre sans fin à une société qu'il ne transforme plus. Ce Mao-là évoque le vieux Faust, à condition de se souvenir que le héros vieilli du *Second Faust* de Goethe est un aveugle obstiné s'activant, croit-il, à faire reculer la mer alors que son peuple ouvrier s'est enfui et que les chants qu'il entend autour de lui sont ceux des démons qui creusent sa fosse. Et que pour Mao, il n'y a pas eu de rédemption. ■

L'éclatement du cercle des fidèles. Après Liu Shaoqi (à l'arrière-plan), Lin Biao : le "plus proche compagnon d'armes" meurt, selon la version officielle, quand s'écrase, en Mongolie extérieure (13 novembre 1971), l'avion à bord duquel il s'enfuyait après avoir tenté d'assassiner Mao. Une autre version veut que Jiang Qing, ou Mao lui-même, l'ait fait exécuter. Moscou a encore récemment confirmé la présence de son cadavre dans les décombres de l'appareil, mais les autorités de Mongolie extérieure continuent de démentir.
Ph © New China Pictures/Magnum

aussi forte qu'inutile, des campagnes croulant sous les hommes, des villes arasées, cloisonnées, fonctionnarisées, qui ne sont pas des pôles de croissance. Pression démographique, stagnation des carrières, tassement économique : l'égalitarisme officiel, le discours impersonnel des luttes politiques ne suppriment ni les inégalités réelles, ni la compétition des individus et des clans pour l'obtention d'avantages matériels. Sur cet horizon bouché, les stratégies de survie prolifèrent. La débrouillardise, le clientélisme, la corruption fleurissent comme l'indiscipline et la criminalité, dans un climat de rivalités empoisonné par la cohabitation des victimes et des bourreaux, les règlements de compte à la faveur des perpétuelles "campagnes". En apparence, Mao a uniformisé, dynamisé, politisé la société chinoise : l'idéal du "tout activiste" s'incarne. En réalité, le pays s'émiette et se dépolitise.

Au sommet, la lutte des factions illustre aussi la décadence des mœurs politiques. Consacré en 1969 n° 2 du pouvoir fortement militarisé qui a verrouillé la Révolution culturelle, Lin Biao disparaît mystérieusement en novembre 1971 — entre la visite secrète d'Henry Kissinger (juillet) et celle, publique et spectaculaire, de Richard Nixon (février 1972). Il s'est opposé à ce rapprochement, dicté par l'isolement chinois face aux menaces soviétiques, comme à la reconstitution du parti, menée elle aussi par Zhou Enlai avec la bénédiction de Mao. Venant après la non-répétition des erreurs du Bond dans les campagnes, la planification des naissances, enfin décidée, est un autre acquis durable de ce côté "réaliste". L'autre versant ne disparaît pas pour autant. Mao ne décourage pas la lutte acharnée que les maoïstes "ultras" (Jiang Qing et les trois dirigeants de Shanghai : Yao Wenyuan, Wang Hongwen et Zhang Chunqiao, qui lui seront associés dans la "Bande des Quatre") livrent au clan et aux politiques du Premier ministre : rappel de nombreux cadres, tel Deng Xiaoping en 1973, retour (en 1975) aux Quatre Modernisations de 1964. Ses apparitions et ses déclarations publiques, rares, sont celles d'une sorte d'automate qui semble ne plus s'appartenir. Zhou Enlai, frappé d'un cancer, ayant remis le flambeau pragmatiste à Deng Xiaoping, la lutte entre les deux lignes renaît sans nuances entre les héritiers présomptifs, sous l'œil expectatif des policiers et des généraux. Quelques flambées localisées la ponctuent en 1975, mais l'immense lassitude de la base et l'espoir d'une relève "raisonnable" incarnée dans les hommes du Premier ministre privent les ultras de toute emprise.

Mao et celui dont il ne voulait pas comme successeur : Deng Xiaoping. Maoïste bon teint jusqu'au tournant pragmatiste de l'après-Grand Bond, il a survécu à la tourmente grâce aux puissantes protections qu'il a trouvées dans le Sud. C'est Zhou Enlai qui le remet en selle, malgré l'opposition des ultramaoïstes conduits par Jiang Qing et la préférence de Mao pour Hua Guofeng : "Toi aux affaires, j'ai l'esprit en repos", lui aurait-il dit avant de mourir...

Ph © New China Pictures/Magnum

Cette relève eût sans doute été plus directe si la mort n'avait saisi Zhou Enlai en premier (8 janvier 1976). Quand les ultras s'allient aux policiers — en l'occurrence Hua Guofeng — pour évincer Deng Xiaoping, la déception et des incitations provenant du camp vaincu rassemblent les Pékinois par milliers sur la place Tian' anmen (4 avril). Ils en sont chassés dans le sang le lendemain. Deng Xiaoping, à nouveau destitué, à nouveau protégé dans le Sud, entre en réserve de succession pragmatiste. Quand survient la mort de Mao (9 septembre), après les signes avant-coureurs appropriés à la fin des empereurs (Zhu De, le premier compagnon, s'éteint lui aussi, la terre tremble à Tangshan), le *forcing* des ultras se heurte à la résistance d'un large camp, auquel les policiers se joignent en arrêtant les Quatre (6 octobre), en écrasant, durant l'hiver, les poches de résistance loyaliste, en rappelant Deng et en se ralliant aux Quatre Modernisations (1977). Hua Guofeng, qui a ajouté les dépouilles de Mao à celles de Zhou, prétend pourtant sauver l'essentiel de l'héritage maoïste. Il n'a pour lui qu'une vieille garde de loyalistes — les généraux et les policiers qui ont trempé, comme lui, dans le massacre d'avril 1976 — et l'inertie des cadres. Deng Xiaoping va rallier cette base en lui montrant le profit qu'elle peut tirer de ses réformes. Il lui indique auparavant la voie du salut en dirigeant contre Hua le ressentiment des victimes du maoïsme. L'aspiration générale à la tranquillité et au bien-être lui permet, après avoir éliminé Hua et négocié une démaoïsation contrôlée (1978-1981), de lancer les réformes qui vont changer la Chine sans abolir le régime communiste. Son succès est l'échec de Mao, sur lequel Deng referme une parenthèse.

La Chine après Mao

Panser les plaies, pacifier la Chine, la remettre en marche, c'est-à-dire stabiliser un système politique ra-

Affichage spontané de dazibao *à Pékin, près de Tian'anmen, en novembre 1978. Au centre, en gros caractères : "Il faut produire une nouvelle évaluation de Mao Zedong (suivant le critère 30 % de mauvais, 70 % de bon)." On peut lire en tête d'un autre dazibao : "Démocratie, droits de l'Homme." Deng Xiaoping utilise le mécontentement de la rue contre Hua Guofeng et les néo-maoïstes. Après sa victoire, Deng saura museler les plus radicaux, ceux qui, tel Wei Jingsheng, exigent une "cinquième modernisation" : la démocratie.*
Ph © Archives CDCC/D.R.

mené dans son lit, relancer l'économie, conclure avec la société un pacte de non-agression qui la prend telle qu'elle est, lui offre en prime un capitalisme décrété incolore mais interdit toute forme d'expression politique en dehors du parti : telle est la charte du denguisme. Les Chinois l'ont acceptée comme une libération, y compris l'autoritarisme qu'elle impliquait. Le succès initial doit aussi à l'existence d'une équipe et d'un programme : l'antimaoïsme "historique", rassemblé malgré des querelles sur la juste mesure des réformes et de la démaoïsation. Retour à l'exploitation familiale des terres, abolition des communes populaires, réouverture écono-

mique du pays, résurrection du pouvoir des experts, de l'entreprise privée, du marché, mais maintien peu ou prou des grandes structures de la société industrielle socialiste : grâce à son éclectisme, Deng a pu imposer ses réformes en s'alliant tantôt aux conservateurs, tantôt aux réformistes, non sans indisposer chaque camp par son refus de tout système, sinon l'ouverture, la décentralisation, le verrouillage politique au bénéfice de la bureaucratie qu'il a laissée en place, assorti, dans l'autre sens, d'une certaine tolérance pour la corruption des bureaucrates…

Efficace et relativement aisé tant qu'il s'agissait de guérir les conflits hérités, ce jeu de bascule s'est fait plus heurté à mesure que la modernisation a engendré — ou réveillé — les siens : polarités géographiques qui font réémerger la frange "bleue" des provinces côtières, surtout méridionales, en déséquilibrant une économie surchauffée, inflationniste ; tensions sociales opposant le monde fonctionnarisé des villes au néocapita-

lisme prospère de la périphérie, sans compter l'explosion d'affairisme dans une bureaucratie vite reconvertie au monde de l'argent.

A la montée des mécontentements dans la société s'est jointe la politisation des étudiants et, dans le parti même, l'émergence d'une génération plus radicalement réformiste n'hésitant pas à proposer la généralisation du marché et de la propriété privée ou l'ouverture du système politique. Ce besoin confusément ressenti non plus d'une relève, mais d'une mutation en profondeur, s'est exprimé dans l'explosion du printemps 1989. Deng lui a barré la route (après s'être séparé des réformistes dès 1987-88) en opérant un virage conservateur dont il est sorti en 1992. De Tian'anmen (1976) en Tian'anmen (1989), la Chine serait-elle condamnée aux brutalités de tyrans incapables de faire droit à ses aspirations ? Deng n'est pourtant pas Mao. La volonté de l'immense majorité des Chinois de vivre mieux continue de lui être une grande force. Il a su l'utiliser à nou-

Tian'anmen, avril-mai 1989 : comme à la mort de Zhou Enlai en 1976, la disparition d'un dirigeant porteur des espoirs de renouveau, — en l'occurrence, Hu Yaobang, placé à la tête du parti par Deng Xiaoping en 1981 — cristallise une protestation populaire dont les étudiants sont le fer de lance. Au-delà des circonstances et des contradictions du mouvement, reste le symbole de la répression du 4 juin, immortalisé par cette scène : un régime qui, malgré les ajustements du denguisme, repose avant tout sur la force.
Ph © S. Franklin/Magnum

Depuis 1989, l'image transfigurée du Timonier est devenue la référence nostalgique pour une société désorientée. Symbolisant la stabilité des prix , les privilèges ouvriers, la rectitude morale des cadres et, surtout, la grandeur de la Chine "libérée", Mao est souvent associé à Zhou Enlai, le "bon Premier ministre".

veau, à la fois pour isoler les minorités agissantes — étudiants, intellectuels — et pour se séparer de ses alliés conservateurs de 1989-90, auxquels il s'efforce de faire porter la responsabilité de la répression. Mais s'il est entendu quand il promet stabilité, prospérité et... unité, s'il est donc moins usé par ses revirements que ne l'était Mao, il n'en gouverne pas moins un empire miné, qui évoque irrésistiblement le déclin des Qing, quand certain paysan naquit à Shaoshan : petite paysannerie indépendante mais sans droits, capitalistes tenus de s'associer à la bureaucratie, idéologie vide, pouvoir vénal, intellectuels coupés du peuple, interrogation sur la chute de la dynastie, la survie de l'Empire...

L'histoire du XXe siècle chinois n'est pas pour autant un formidable surplace. Le vieil empire agraire des temps anciens, parvenu comme par miracle aux rives du nôtre, s'est transformé : un demi-siècle de communisme et de totalitarisme ne s'efface pas si vite. Mieux encore, les réformes de Deng précipitent sa fin. La modernisation, longtemps bloquée ou retardée par les troubles de la révolution, retrouve les rythmes de la Chine "bleue" et commence à vider les campagnes de leurs paysans. Mouvement plus lent mais plus irréversible que les coupures politiques de Mao, coupure plus profonde même que les changements pourtant considérables de l'après-Mao : la fin attendue de la génération de Deng Xiaoping effacera l'ultime prolongement de son entreprise — même assagie, même trahie. Elle symbolise aussi le basculement de la vieille Chine qui était son monde, même combattu.

De là des craintes, des incertitudes. A la fin de Mao, les Chinois espéraient. Ils attendent celle de Deng dans le doute... et ressuscitent l'image d'un Mao rassurant et valorisant (la stabilité des prix, la droiture des cadres, la grandeur de la Chine), dépouillé de ses attributs de révolutionnaire et de chef de terreur, souvent associée à celle de Zhou Enlai.

La mode Mao est un recours, signe, parmi d'autres, qu'un capitalisme sans âme ne suffit pas plus que le régime bureaucratique "normalisé" de Deng à répondre aux attentes d'un corps social diversifié, traversé d'expériences contradictoires. Le temps est-il venu, à la faveur d'une intégration cette fois sereine et souveraine au monde, d'une ouverture de la Chine sur elle-même — sur ces individus, ces intérêts, ces idées, ces religions constamment tenus en lisière par les gouvernants et les idéologies officielles, qui voudraient pouvoir s'exprimer autrement qu'en contrebande ou parce que leur utilité économique fait qu'ils sont tolérés ? Cela s'appellerait une démocratie. Mais la démocratie chinoise, que n'épargnent pas les doutes actuels à la lumière du chaos yougoslave et des difficultés russes, n'est qu'un scénario parmi d'autres qui annoncent un XXIe siècle moins prometteur. Les frustrations, les aspirations qui en dessinent le besoin ne suffiront pas, du jour au lendemain, à en fonder une qui soit solide. Taiwan n'y est pas encore parvenu malgré les progrès de sa libéralisation, et le vaste continent n'est pas Taiwan ! Quoi qu'il en soit, le sourire qui refleurit de nos jours, aussi bénin que plastifié, pourrait bien être un sourire narquois, révélant le talon d'Achille de la monarchie denguiste : entre la sphère des intérêts, des croyances de l'individu, qui n'est plus tout à fait confondue avec celle de la famille, et la sphère de l'Etat, quelque chose manque. La place des empereurs et de Confucius, la place de Mao est à prendre. Ou à réinventer.

Des portraits de Mao ont fait leur apparition sur la place Tian'anmen en 1989. S'il y a dans cette nostalgie une fronde du pouvoir impopulaire de Deng Xiaoping, elle ne suscite aucune flamme politique. Là réside d'ailleurs la faiblesse des adversaires du capitalisme rouge de Deng, qui ont tenté sans succès de ranimer un maoïsme politique... et l'ultime défaite de Mao, élu puis vaincu de l'Histoire, qui s'est rebellée à son tour.

Ph © P. Zachmann/Magnum

Le système *pinyin* utilisé par Pékin s'est peu à peu répandu depuis la reconnaissance quasi universelle de la République populaire et son ouverture au monde. Plus simple que ses prédécesseurs (par exemple, il se dispense presque toujours d'apostrophes), il peut être aussi déroutant qu'eux, et parfois plus. Ainsi, ce qui dans notre usage s'écrivait "Pékin" (ou "Peking" en anglais) devient "Beijing". Il faut savoir que le "j" se prononce "t" suivi d'un "ch" prépalatal (ce qui était approximativement rendu par "k"). Nous avons conservé dans ce livre les usages les plus familiers (Pékin, Nankin, Canton), ainsi que les prononciations dialectales entrées dans les habitudes (Chiang Kai-shek, au lieu de Jiang Jieshi en *pinyin*, qui suit la prononciation de Chine du Nord). Mais le lecteur devra s'habituer à reconnaître Kuomintang derrière Guomindang, Mao Tse-toung (ou Tse-tung) derrière Mao Zedong, Chou En-lai derrière Zhou Enlai, etc. L'index donne ces équivalences pour les principaux personnages. La liste suivante recense les principales conventions en dehors de toute explication phonologique :

PINYIN	PRONONCIATION APPROXIMATIVE
U	ou
I	parfois e
UI	oué
EI	é
AI	aïe
OU	o
AN	comme "âne" (même chose pour ban, pan, yan, man, nan, etc.)
EN	comme "haine" (même remarque)
C	ts (aspiré)
Q	tch (aspiré) (Liu Shaoqi = Liou Chao-tchi = Liu Chao-ch'i)
ZH	dj (Zhou Enlai = Djo Enne-laïe = Chou En-lai)
SH	ch
X	± s (ch doux allemand)
H	*jota* espagnole
R	j

1736-1796/99	Règne de Qianlong, de l'apogée au déclin.
1842	Fin de la première guerre de l'Opium (traité de Nankin).
1857-1860	Deuxième guerre de l'Opium.
1851-1864	Rébellion des Taiping.
26 décembre 1893	Mao naît à Shaoshan, district de Xiangtan (Hunan).
1895	Traité de Shimonoseki (victoire du Japon sur la Chine).
1898	Les réformistes au pouvoir pendant Cent Jours.
1900	Les Boxeurs alliés du Trône et écrasés.
1901-1911	Réformes gouvernementales, mouvement révolutionnaire.
1905	Fin des examens impériaux ; Sun Yat-sen et la Ligue Jurée.
1912	République chinoise ; fondation du Guomindang.
1913	Echec du parlementarisme ; dictature de Yuan Shikai.
1916	Mort de Yuan Shikai ; anarchie des Seigneurs de la guerre.
4 mai 1919	Agitation patriotique et intellectuelle.
Juillet 1921	Fondation du PCC à Shanghai.
1923	Premier Front uni Guomindang-PCC (à Canton).
1925	Mouvement du 30 mai ; Mao agitateur dans les campagnes.
1926-28	Expédition du Nord contre les Seigneurs de la guerre.
1927	Rupture du Front uni ; Chiang Kai-shek gouverne à Nankin.
fin 1927	Insurrections armées ; "montée" aux Jinggangshan.
1930	Echec de Li Lisan ; Mao domine la guérilla au Jiangxi.
1932-1933	Mao supplanté au Jiangxi par Zhou Enlai et Wang Ming.
1934-1935	Longue Marche, conférence de Zunyi ; échec de Zhang Guotao.
Décembre 1936	Incident de Xi'an ; Chiang Kai-shek accepte l'union.
1937	Invasion japonaise et deuxième Front uni.
1938	Echec de Wang Ming ; Mao domine le PC à Yan'an.
1945-46	Rupture du deuxième Front ; réforme agraire.
1er octobre 1949	Proclamation de la République populaire de Chine.
1955	Mao accélère la collectivisation.
1956	Mao subit le contrecoup de la déstalinisation.
1957	Cent Fleurs et mouvements antidroitiers.
1958	Grand Bond en avant, tensions avec les Etats-Unis et l'URSS.
1959-61	Les "trois années noires" (effondrement économique, famine) ; défi de Peng Dehuai ; rupture avec l'URSS.
1961-65	Réajustement (Liu Shaoqi, Deng Xiaoping, Chen Yun).
1962-65	Mao contre les pragmatiques (lutte entre les deux lignes).
1966-68	Désordres de la Révolution culturelle.
1971	Elimination de Lin Biao, rapprochement avec les Etats-Unis.
1976	Mort de Zhou Enlai et Mao ; chute de la Bande des Quatre.
1978	Deng Xiaoping au pouvoir ; réformes et ouvertures économiques.
1985-89	Surchauffe économique, mécontentements, contestation.
1989	Echec de la contestation réformiste (Tian'anmen).
1992	Relance des réformes économiques par Deng Xiaoping.

Etudes d'ensemble

La longue durée
— Elvin M. et Blunden C., *Atlas de la Chine*, trad. P.-E. Will, Nathan, Paris, 1990.
— Gernet J., *Le Monde chinois*, Armand Colin, Paris, 1990.
— Peyrefitte A., *Un choc de cultures*, Gallimard, Paris, 1992.

Le XXe siècle
— Bergère M.-C., Bianco L., Domes J., *La Chine au XXe siècle*, 2 vol., Fayard, Paris, 1989-90.
— Bergère M.-C., *La Chine populaire de 1949 à nos jours*, Armand Colin, Paris, 1989.
— Chevrier Y., *La Chine moderne*, Que sais-je? n° 308, PUF, Paris, 1992.
— Gentelle P. et *al.*, *L'Etat de la Chine et de ses habitants*, La Découverte, Paris, 1989.

Le Parti communiste
— Guillermaz J., *Histoire du parti communiste chinois*, Payot, Paris, 1975.

La modernité du XXe siècle en question
— Bergère M.-C., *L'Age d'or de la bourgeoisie chinoise*, Flammarion, Paris, 1986.
— Ch'en J., *China and the West*, Londres, 1979.
— Roux A., *Le Shanghai ouvrier des années 1930: coolies, gangsters et syndicalistes*, (à paraître en 1993).
— Schwarcz V., *The Chinese enlightenment*, Berkeley, 1986.

Témoignages, essais, classiques
— *Au bord de l'eau*, trad. J. Dars, La Pléiade, Gallimard, Paris.
— Guillain R., *Orient extrême*, Le Seuil, Paris, 1986.
— Guillermaz J., *Une vie pour la Chine*, Robert Laffont, Paris, 1989.
— Isaacs H., *La Tragédie de la révolution chinoise*, trad., Gallimard, Paris, 1967.

Mao et le maoïsme

La vie
— Ch'en J., *Mao et la révolution chinoise*, Mercure de France, Paris, 1968.
— Schram S., *Mao Tse-tung*, Londres, 1967.
— Snow E., *Etoile rouge sur la Chine*, trad. Stock, Paris, 1965.

L'œuvre
— Brossolet G., *Poésies complètes de Mao Tse-toung*, L'Herne, Paris, 1969.
— *Œuvres choisies*, Pékin, 5 vol., 1960-77.
— Schram S., *Mao Tse-toung*, Armand Colin, Paris, 1963; *Mao Tse-tung unrehearsed*, Londres, 1974.

Les témoins
— Cadart C. et Cheng Yingxiang, *L'envol du communisme en Chine: mémoires de Peng Shuzi*, Gallimard, Paris, 1983.
— Chang Kuo-t'ao (Zhang Guotao), *The Rise of the Chinese Communist Party*, Kansas City, 2 vol., 1971-72.
— Quan Yanchi, *Mao intime*, trad. Editions du Rocher, 1991.
— Smedley A., *La Longue Marche. Mémoires du général Zhu De*, trad. Richelieu, Paris, 1969.

Particularités du communisme chinois
— Andrieu J., *Mao Zedong*, (à paraître chez Payot, Paris).
— Bianco L., *Les origines de la révolution chinoise*, Gallimard, Paris, 1987.
— Chen Yong-fa, *Making revolution*, Berkeley, 1986.
— Fabre G., *Genèse du pouvoir et de l'opposition en Chine*, L'Harmattan, Paris, 1990.
— Hinton W., *Fanshen*, trad. Plon, Paris, 1971.
— Hu Chi-hsi, *L'Armée rouge et l'ascension de Mao*, EHESS, Paris, 1982.
— Johnson C. A., *Nationalisme paysan et pouvoir communiste*, trad. Payot, Paris, 1969.
— Schwartz B., *Chinese Communism and the rise of Mao*, Harvard, 1951.

Le bilan après 1949 et après Mao

— Aubert C., Chevrier Y. et *al.*, *La Société chinoise après Mao*, Fayard, Paris, 1986.
— Béja J.-P., Bonnin M. et Peyraube A., *Le tremblement de terre de Pékin*, Gallimard, Paris, 1991.
— Domenach J.-L., *Aux origines du Grand Bond en avant*, EHESS, Paris, 1982; *Chine: l'archipel oublié*, Fayard, Paris, 1992.
— Gipouloux F., *Les Cent Fleurs à l'usine*, EHESS, Paris, 1986.
— Rocca J.-L., *L'Empire et son milieu. La criminalité en Chine populaire*, Plon, Paris, 1991.

Les chiffres en romain renvoient au texte courant, les chiffres en *italique* aux légendes, les chiffres en **gras** aux documents.

Cai Hesen, Ts'ai Ho-sen (Hunan, 1890-1931), ami de Changsha, éclaireur dans l'adhésion au communisme qu'il découvre en France.

Chen Duxiu, Tu-hsiu (Anhui, 1879-1942), dirigeant du mouvement occidentaliste à l'époque du 4 mai, puis du PC (1921-1927).

Chen Yun (Jiangsu, 1900), membre de la direction du PC depuis les années trente, partisan contre Mao puis contre Deng Xiaoping d'une économie planifiée aménagée.

Chiang Kai-shek, Jiang Jieshi (Zhejiang, 1887-1975), successeur de Sun Yat-sen à la tête du Guomindang et du régime nationaliste.

Deng Xiaoping, Teng Hsiao-p'ing (Sichuan, 1904), maoïste fidèle jusqu'au Grand Bond, successeur pragmatiste de Mao après 1978.

Hua Guofeng (Shanxi, 1920), gardien du temple à Xiangtan, chef de la sécurité à la mort de Mao, dauphin désigné, éliminé en 1981.

Jiang Qing, Chiang Ch'ing (Shandong, 1914-1991), épouse Mao à Yan'an, dirige la Révolution culturelle, s'oppose à Zhou Enlai et Deng Xiaoping après la chute de Lin Biao. Arrêtée avec la Bande des Quatre en octobre 1976.

Kang Sheng (Shandong, 1899-1975), puissant chef des services de sécurité occultes, soutient Mao et Jiang Qing contre l'appareil.

Li Lisan (Hunan, 1899-1967), dirigeant du mouvement syndical puis du PC, l'adversaire de 1930, exécuté pendant la Révolution culturelle.

Lin Biao, Lin Piao (Hubei, 1907-1971), fidèle du Jiangxi à la Révolution culturelle, défie Mao en 1970.

Liu Shaoqi, Liu Shao-ch'i (Hunan, 1898-1969), venu du communisme des villes, alter ego de Yan'an aux lendemains du Grand Bond.

Peng Dehuai, Peng Te-huai (Hunan, 1898-1974), dirige l'Armée rouge après Zhu De, défie Mao au Jiangxi et en 1959 (Grand Bond).

Qu Qiubai, Ch'u Ch'iu-p'ai (Jiangsu, 1899-1935), théoricien du Front uni, successeur de Chen Duxiu à la tête du PC (août 1927).

Sun Yat-sen, Sun Zhongshan (Guangdong, 1866-1925), révolutionnaire républicain, président de la République (1912), fondateur du Guomindang.

Tan Yankai, Tan Yen-k'ai (Zhejiang, 1879-1930), Seigneur de la guerre du Hunan et politicien du Guomindang à Canton et Wuhan, mentor de Mao dans les années vingt.

Wang Ming (Anhui, 1905-1974), chef des internationalistes (les 28 bolcheviks), défie Mao en 1938 et, de Moscou, pendant la Révolution culturelle.

Zhang Guotao, Chang Kuo-t'ao (Jiangxi, 1897-1979), dirigeant du PC dès les années vingt, défie Mao en 1935 après Zunyi.

Zhou Enlai, Chou En-lai (Jiangsu, 1898-1976), dirigeant du PC dès les années vingt, opposé à Mao au Jiangxi, rallié à Zunyi, Premier ministre après 1949, maintient le pays pendant et après la Révolution culturelle.

Zhu De, Chu Te (Sichuan, 1886-1976), chef de l'Armée rouge au Jiangxi et à Yan'an, effacement progressif après 1949.

1 Les conflits du Proche-Orient
François Massoulié

2 Mussolini et l'Italie fasciste
Marco Palla

3 Mao et la révolution chinoise
Yves Chevrier

4 Pancho Villa et la révolution mexicaine
Manuel Plana

5 Questions sur la Deuxième Guerre mondiale
Marc Ferro

6 L'ère atomique
Roberto Maiocchi

7 La révolution russe
Antonella Salomoni

8 La Première Guerre mondiale
Mario Isnenghi

Stampato presso GIUNTI INDUSTRIE GRAFICHE S.p.A. - Stabilimento di Prato, maggio 1993